MAX SCHELER

DIE STELLUNG DES MENSCHEN IM KOSMOS

MAX SCHELER

DIE STELLUNG DES MENSCHEN IM KOSMOS

FRANCKE VERLAG BERN
UND MÜNCHEN

10. Auflage 1983

ISBN 3-7720-1433-X

VORREDE ZUR ERSTEN AUFLAGE

Die Arbeit stellt eine kurze, sehr gedrängte Zusammenfassung meiner Anschauungen über einige Hauptpunkte der «Philosophischen Anthropologie» dar, die ich seit Jahren unter der Feder habe, und die zu Anfang des Jahres 1929 erscheinen wird. Die Fragen: *Was ist der Mensch, und was ist seine Stellung im Sein?* haben mich seit dem ersten Erwachen meines philosophischen Bewußtseins wesentlicher beschäftigt als jede andere philosophische Frage. Die langjährigen Bemühungen, in denen ich von allen Seiten her das Problem umringte, haben sich seit dem Jahre 1922 in der Ausarbeitung eines größeren dieser Frage gewidmeten Werkes zusammengefaßt, und ich hatte das zu nehmende Glück zu sehen, daß der Großteil aller Probleme der Philosophie, die ich schon behandelt, in dieser Frage mehr und mehr koinzidierten.

Von vielen Seiten wurde mir der Wunsch ausgesprochen, daß mein im April 1927 in Darmstadt gelegentlich der Tagung der Schule der Weisheit gehaltener Vortrag «Die Sonderstellung des Menschen» (s. Der Leuchter VIII, 1927) als Sonderdruck erscheine. Diesem Wunsche wird hiermit entsprochen.

Will der Leser die Stufen der Entwicklung meiner Ansichten über den großen Gegenstand kennenlernen, so empfehle ich ihm, nacheinander zu lesen: 1. Die Abhandlung *Zur Idee des Menschen*, zuerst erschienen in der Zeitschrift «Summa», 1914, aufgenommen in meine Gesammelten Abhandlungen und Aufsätze «Vom Umsturz der Werte», 3. Aufl. Leipzig 1923. Ferner meine Abhandlung (1912) *Das Ressentiment im Aufbau der Moralen* (daselbst). – 2. Die entsprechenden Abschnitte in meinem Werke *Der Formalismus in der Ethik und die materiale Wertethik* (1913/1916), 3. Auflage Leipzig 1927[1]. Ferner die

[1] Zu beachten sind hier u. a. die Ausführungen über die Realitätserfahrungs- und Wahrnehmungslehre in Abschn. III, über die Ablehnung der naturalistischen Theorien vom Menschen in Abschn. V, 4 u. 5, über die Schichtung des emotionalen Lebens in Abschn. V 8, und über die Person in

entsprechenden Abschnitte über die Spezifität des menschlichen Gefühlslebens in meinem Buche *Wesen und Formen der Sympathie*, 3. Aufl. Bonn 1926. – 3. Über das Verhältnis des Menschen zur Geschichts- und Gesellschaftslehre wäre heranzuziehen mein Aufsatz *Mensch und Geschichte* in «Neue Rundschau», November 1926 (Herbst 1928 voraussichtlich im Verlag der Neuen Schweizer Rundschau, Zürich, als Einzelbroschüre erscheinend), und mein Werk *Die Wissensformen und die Gesellschaft*, Leipzig 1926. Über das Verhältnis von Mensch, Wissen und Bildung vergleiche *Die Formen des Wissens und die Bildung*, Bonn 1925. – 4. Über die Entwicklungsmöglichkeiten des Menschen äußerte ich mich in meinem Vortrag *Der Mensch im kommenden Zeitalter des Ausgleichs*, abgedruckt in dem demnächst erscheinenden Sammelband «Ausgleich als Schicksal und Aufgabe», herausgegeben von der Deutschen Hochschule für Politik, in der Reihe «Politische Wissenschaft», Berlin 1928. *

In meinen an der Universität Köln zwischen 1922 und 1928 gehaltenen *Vorlesungen* über «Die Grundlagen der Biologie», über «Philosophische Anthropologie», «Erkenntnistheorie» und «Metaphysik» habe ich – weit hinaus über das hier gegebene Fundament – meine Forschungsergebnisse mehrfach eingehend dargelegt.

Ich darf mit Befriedigung feststellen, daß die Probleme einer Philosophischen Anthropologie heute geradezu in den Mittelpunkt aller philosophischen Problematik in Deutschland getreten sind, und daß auch weit hinaus über die philosophischen Fachkreise Biologen, Mediziner, Psychologen und Soziologen an einem neuen Bilde vom Wesensaufbau des Menschen arbeiten.

Aber dessenungeachtet hat die Selbstproblematik des Menschen in der Gegenwart ein Maximum in aller uns bekannten Geschichte erreicht. In dem Augenblick, da der Mensch sich eingestanden hat, daß er weniger als je ein strenges Wissen habe von dem, was er sei, und ihn keine Möglichkeit der Antwort auf diese Frage mehr schreckt, scheint auch der neue

Abschn. VI A. Vgl. auch nach dem ausführlichen Sachregister die Hinweise unter den Stichworten «Mensch», «Physisch», «Psychisch» usw.

Mut der Wahrhaftigkeit in ihn eingekehrt zu sein, diese Wesensfrage ohne die bisher übliche ganz-, halb- oder viertelsbewußte Bindung an eine theologische, philosophische und naturwissenschaftliche Tradition in neuer Weise aufzuwerfen und – gleichzeitig auf der Grundlage der gewaltigen Schätze des Einzelwissens, welche die verschiedenen Wissenschaften vom Menschen erarbeitet haben – eine neue Form seines Selbstbewußtseins und seiner Selbstanschauung zu entwickeln.

Frankfurt am Main, Ende April 1928 MAX SCHELER

DIE STELLUNG DES MENSCHEN IM KOSMOS

Fragt man einen gebildeten Europäer, was er sich bei dem Worte «Mensch» denke, so beginnen fast immer *drei* unter sich ganz unvereinbare Ideenkreise in seinem Kopfe miteinander in Spannung zu treten. Es ist einmal der Gedankenkreis der jüdisch-christlichen Tradition von Adam und Eva, von Schöpfung, Paradies und Fall. Es ist zweitens der griechisch-antike Gedankenkreis, in dem sich zum ersten Mal in der Welt das Selbstbewußtsein des Menschen zu einem Begriff seiner Sonderstellung erhob in der These, der Mensch sei Mensch durch Besitz der «Vernunft», logos, phronesis, ratio, mens – logos bedeutet hier ebensowohl Rede wie Fähigkeit, das «Was» aller Dinge zu erfassen; eng verbindet sich mit dieser Anschauung die Lehre, es liege eine übermenschliche Vernunft auch dem ganzen All zu Grunde, an der der Mensch, und von allen Wesen er allein, teilhabe. Der dritte Gedankenkreis ist der auch längst traditional gewordene Gedankenkreis der modernen Naturwissenschaft und der genetischen Psychologie, es sei der Mensch ein sehr spätes Endergebnis der Entwicklung des Erdplaneten – ein Wesen, das sich von seinen Vorformen in der Tierwelt nur in dem Komplikationsgrade der Mischungen von Energien und Fähigkeiten unterscheide, die an sich bereits in der untermenschlichen Natur vorkommen. Diesen drei Ideenkreisen fehlt jede Einheit untereinander. So besitzen wir denn eine naturwissenschaftliche, eine philosophische und eine theologische Anthropologie, die sich nicht umeinander kümmern – *eine einheitliche Idee vom Menschen aber besitzen wir nicht.* Die immer wachsende Vielheit der Spezialwissenschaften, die sich mit dem Menschen beschäftigen, verdeckt, so wertvoll diese sein mögen, überdies weit mehr das Wesen des Menschen, als daß sie es erleuchtet. Bedenkt man ferner, daß die genannten drei Ideenkreise der Tradition heute weithin erschüttert sind, völlig erschüttert ganz besonders die darwinistische Lösung des Problems vom Ursprung des Menschen, so kann man sagen, daß zu keiner Zeit der Geschichte der Mensch sich so *problematisch* geworden ist wie in der Gegenwart.

Ich habe es darum unternommen, auf breitester Grundlage einen neuen Versuch einer Philosophischen Anthropologie zu geben. Im folgenden seien nur einige Punkte, die das *Wesen des Menschen im Verhältnis zu Pflanze und Tier*, ferner die *metaphysische Sonderstellung des Menschen* betreffen, erörtert und ein kleiner Teil der Resultate angedeutet, zu denen ich gekommen bin.

Schon das Wort und der Begriff «Mensch» enthält eine tükkische Zweideutigkeit, ohne deren Durchschauung man die Frage der Sonderstellung des Menschen gar nicht angreifen kann. Das Wort soll einmal die Sondermerkmale angeben, die der Mensch morphologisch als eine Untergruppe der Wirbel- und Säugetierart besitzt. Es ist selbstverständlich, daß, wie immer das Ergebnis dieser Begriffsbildung aussieht, das als Mensch bezeichnete Lebewesen nicht nur dem Begriff des Tieres *untergeordnet* bleibt, sondern auch eine verhältnismäßig sehr kleine Ecke des Tierreiches ausmacht. Das bleibt auch dann noch der Fall, wenn man den Menschen (was übrigens sachlich und begrifflich sehr bestreitbar ist) mit Linné die «Spitze der Wirbel-Säugetierreihe» nennt, da ja auch diese Spitze wie jede Spitze einer Sache noch zu der Sache gehört, deren Spitze sie ist. Völlig unabhängig von einem solchen Begriff, der aufrechten Gang, Umgestaltung der Wirbelsäule, Äquilibrierung des Schädels, die mächtige Gehirnentwicklung des Menschen und die Organumgestaltungen, welche der aufrechte Gang zur Folge hatte (wie Greifhand mit opponierbarem Daumen, Rückgang des Kiefers und der Zähne), zur Einheit des Menschen zusammenfaßt, bezeichnet aber dasselbe Wort «Mensch» in der Sprache des Alltags, und zwar bei allen Kulturvölkern, etwas total anderes, daß man kaum ein zweites Wort der menschlichen Sprache finden wird, bei dem eine analoge Doppeldeutigkeit vorliegt. Es soll auch einen Inbegriff von Dingen bezeichnen, den man dem Begriffe des «Tieres überhaupt» aufs schärfste *entgegensetzt*, also auch allen Säuge- und Wirbeltieren; und diesen im selben Maße wie etwa auch dem infusorium stentor, obgleich doch wohl kaum bestreitbar ist, daß das «Mensch» genannte Lebewesen einem Schimpansen morphologisch, physiologisch und psychologisch unvergleichlich viel ähnlicher ist als Mensch und Schimpanse einem Infusorium.

Es ist klar, daß dieser zweite Begriff «Mensch» einen völlig anderen Sinn, einen ganz anderen Ursprung haben muß als der erste[1]. Ich will diesen zweiten Begriff den *Wesensbegriff des Menschen* nennen, im Gegensatz zu dem ersten, natursystematischen Begriff. Ob dieser zweite Begriff, der dem Menschen als solchem eine *Sonderstellung* gibt, die mit jeder anderen Sonderstellung einer lebendigen Spezies unvergleichbar ist, *überhaupt zu Recht bestehe* – das ist unser Thema.

*

Die Sonderstellung des Menschen kann uns erst deutlich werden, wenn wir den gesamten Aufbau der biopsychischen Welt in Augenschein nehmen. Ich gehe dabei aus von einer *Stufenfolge der psychischen Kräfte* und Fähigkeiten, wie sie die Wissenschaft langsam herausgestellt hat. Was die Grenze des Psychischen betrifft, so fällt sie mit der Grenze des *Lebendigen* überhaupt zusammen[2]. Neben den *objektiven* wesensphänomenalen Eigenschaften der Dinge, die wir «lebendig» nennen, wie Selbstbewegung, Selbstformung, Selbstdifferenzierung, Selbstbegrenzung in zeitlicher und räumlicher Hinsicht, (auf die hier nicht eingegangen werden soll), ist die Tatsache, daß Lebe-

[1] Vgl. hierzu den Aufsatz «Zur Idee des Menschen» (1914) in «Vom Umsturz der Werte». Hier ist nachgewiesen, daß der traditionelle Begriff des Menschen durch die Ebenbildlichkeit mit Gott konstituiert wird; daß er also die Idee Gottes als Bezugszentrum voraussetzt.

[2] Die Lehre, das Psychische beginne erst mit dem «assoziativen Gedächtnis» oder erst im Tiere – oder gar erst im Menschen (Descartes) –, hat sich als irrig erwiesen. Willkürlich aber ist es, dem Anorganischen Psychisches zuzuschreiben.

wesen nicht nur Gegenstände für äußere Beobachter sind, sondern auch ein *Fürsich- und Innesein* besitzen, in dem sie sich selber inne werden, ein für sie wesentliches Merkmal – ein Merkmal, von dem man zeigen kann, daß es mit den objektiven Phänomenen des Lebens an Struktur und Ablaufsform die innigste Seinsgemeinschaft besitzt. Es ist die psychische Seite der Selbständigkeit, Selbstbewegung etc. des Lebewesens überhaupt – das *psychische Urphänomen* des Lebens.

Die unterste Stufe des Psychischen – zugleich der Dampf, der bis in die lichtesten Höhen geistiger Tätigkeit alles treibt, auch noch den reinsten Denkakten und zartesten Akten lichter Güte die Tätigkeitsenergie liefert – bildet der bewußtlose, empfindungs- und vorstellungslose «*Gefühlsdrang*». In ihm ist «Gefühl» und «Trieb» (der als solcher stets bereits eine spezifische Richtung und Zielhaftigkeit «nach» etwas, z.B. Nahrung, Sexualbefriedigung, hat) noch nicht geschieden. Ein bloßes «Hinzu», z.B. zum Licht, und «Vonweg», eine objektlose Lust und ein objektloses Leiden sind seine zwei einzigen Zuständlichkeiten. Scharf geschieden ist der Gefühlsdrang aber bereits von den Kraftzentren und -feldern, die den transbewußten Bildern zugrunde liegen, die wir «anorganische» Körper nennen; diesen kann ein Innesein in keinem Sinne zugesprochen werden.

Diese erste Stufe des seelischen Werdeseins, wie sie sich im Gefühlsdrang darstellt, müssen und dürfen wir schon der *Pflanze* zuweisen. Der Eindruck, der Pflanze mangele ein Innenzustand, rührt nur von der Langsamkeit ihrer Lebensvorgänge her; vor der Zeitlupe verschwindet dieser Eindruck vollkommen. Keineswegs aber geht es an, wie dies Fechner getan hat, der Pflanze auch bereits «Empfindung» und «Bewußtsein» zuzueignen. Wer wie Fechner Empfindung und Bewußtsein als die elementarsten Grundbestandteile des Psychischen ansieht – es geschieht dies mit Unrecht –, der müßte der Pflanze die Beseeltheit absprechen. Zwar ist der Gefühlsdrang der Pflanze bereits auf ihr Medium, auf ein Hineinwachsen in es nach den Grundrichtungen «oben» und «unten», dem Lichte und der Erde zu, hingeordnet, aber doch nur auf das *unspezifizierte Ganze* dieser medialen Richtungen, auf mögliche Widerstände und Wirklichkeiten – wichtig für das Leben des pflanzlichen Organismus – in ihnen, nicht aber auf bestimmte Umweltbestandteile und -reize, denen besondere Sinnesqualitäten und Bildelemente entsprächen. Die Pflanze reagiert z.B. spezifisch auf die Intensität der Lichtstrahlen, nicht aber different auf Farben und Strahlrichtungen. Nach eingehenden neueren Untersuchungen des holländischen Botanikers Blaauw kann man der Pflanze keine spezifischen Tropismen, keine Empfindung, auch nicht die kleinsten Anfänge eines Reflexbogens, keine Assoziationen und bedingten Reflexe zuschreiben, und eben darum auch keinerlei «Sinnesorgane», wie sie Haberlandt zu umgrenzen gesucht hat. Die durch Reize ausgelösten Bewegungserscheinungen, die man früher auf solche Dinge bezog, haben sich als Bestandteile jener allgemeinen *Wachstumsbewegungen* der Pflanze erwiesen. Fragen wir, was der allgemeinste Begriff der «*Empfindung*» ist – bei höheren Tieren dürften die durch die Blutdrüsen auf das Gehirn ausgeübten Reize die primitivsten Empfindungen darstellen und sowohl den Organempfindungen als den von Außenvorgängen zugehenden Empfindungen zu Grunde liegen –, so ist es der Begriff einer spezifischen *Rückmeldung* eines augenblicklichen Organ- und Bewegungszustandes des Lebewesens *an ein Zentrum* und eine Modifizierbarkeit der je im nächsten Zeitmoment folgenden Bewegungen kraft dieser Rückmeldung. Im Sinne dieser Begriffsbestimmung besitzt die Pflanze *keine* Empfindung, kein über die Abhängigkeit ihrer Lebenszustände vom Ganzen ihrer Vorgeschichte hinausgehendes spezifisches «Gedächtnis» und keine eigentliche Lernfähigkeit, wie solche auch die einfachsten Infusorien an den Tag legen. Untersuchungen, die vermeintlich bei Pflanzen bedingte Reflexe und eine gewisse Dressierbarkeit feststellten, dürften in die Irre gegangen sein.

Von dem, was wir bei Tieren «Triebleben» nennen, ist in der

Pflanze nur der allgemeine *Drang zu Wachstum und Fortpflanzung* in den Gefühlsdrang eingeschlossen. Daß Leben *nicht* wesentlich «Wille zur Macht» ist, sondern der Drang zu Fortpflanzung und Tod der Urdrang alles Lebens, beweist daher die Pflanze am klarsten. Weder wählt sie spontan ihre Nahrung, noch verhält sie sich in der Befruchtung aktiv: sie wird durch Wind, Vögel und Insekten passiv befruchtet, und da sie die Nahrung, deren sie bedarf, im allgemeinen aus anorganischem Material selbst bereitet, das überall in gewissem Maße vorhanden ist, hat sie es ja auch nicht nötig, sich wie das Tier an bestimmte Orte zu begeben, um Nahrung zu finden. Daß die Pflanze *nicht* den Spielraum der spontanen Ortsbewegung des Tieres hat, daß sie *keine* spezifische Empfindung, keinen spezifischen Trieb, keine Assoziation, keinen bedingten Reflex, kein eigentliches Macht- und Nervensystem besitzt, ist ein *Ganzes* von Mängeln, das vollständig klar und eindeutig aus ihrer *Seins-Struktur* zu begreifen ist. Man kann zeigen: Hätte die Pflanze nur eines von diesen Dingen, so müßte sie auch das andere und alle anderen haben. Da es keine Empfindung ohne Triebimpuls und Mitanheben einer motorischen Aktion gibt, muß da, wo das Machtsystem fehlt, auch ein System von Empfindungen fehlen*. Die Mannigfaltigkeit der Sinnesqualitäten, die ein tierischer Organismus besitzt, ist nie größer als die Mannigfaltigkeit seiner spontanen Beweglichkeit – und eine *Funktion* der letzteren.

Die *wesenhafte* Richtung des Lebens, die das Wort «pflanzlich», «vegetativ» bezeichnet – daß wir es hier nicht mit empirischen Begriffen zu tun haben, beweisen die mannigfachen Übergangserscheinungen zwischen Pflanze und Tier, die schon Aristoteles kannte –, ist ein ganz nach außen gerichteter Drang. Daher spreche ich bei der Pflanze von «*ekstatischem*» Gefühlsdrang, um dieses totale Fehlen einer dem tierischen Leben eigenen *Rückmeldung* von Organzuständen an ein Zentrum, dieses völlige Fehlen einer Rückwendung des Lebens in sich selbst, einer noch so primitiven re-flexio, eines noch so schwach «bewußten» Innenzustandes zu bezeichnen.

Erkenntnis und Arbeit, zu Empfindung.

Denn Bewußtsein *wird* erst in der primitiven re-flexio der Empfindung, und zwar stets gelegentlich auftretender *Widerstände* – alles Bewußtsein gründet in Leiden und alle höheren Stufen des Bewußtseins in steigendem Leiden – gegenüber der ursprünglichen spontanen Bewegung. Mit dem Bewußtsein, mit der Empfindung fehlt der Pflanze alle Lebens«wachheit», die ja aus der Wächterfunktion der Empfindung erst herauswächst. Empfindungen zu entbehren aber vermag die Pflanze eben nur darum, weil sie – der größte Chemiker unter den Lebewesen – ihr organisches Aufbaumaterial aus den anorganischen Substanzen selber bereitet. So geht in Ernährung und Wachstum, Fortpflanzung und Tod (ohne artspezifizierte Lebensdauer) ihr Dasein auf.

Jedoch findet sich bereits im pflanzlichen Dasein das *Urphänomen des Ausdrucks*, eine gewisse Physiognomik ihrer Innen- 10
zustände, der Zuständlichkeiten des Gefühlsdrangs als des Innenseins ihres Lebens, wie matt, kraftvoll, üppig, arm. Der «Ausdruck» ist eben ein *Urphänomen* des Lebens – keineswegs, wie Darwin meinte, ein Inbegriff atavistischer Zweckhandlungen. Was dagegen der Pflanze ganz fehlt, das sind die Kundgabefunktionen, die wir bei allen Tieren finden, die allen Verkehr der Tiere miteinander bestimmen, und die das Tier bereits weitgehend unabhängig machen von der unmittelbaren Anwesenheit der Dinge, die für es lebenswichtig sind. Erst beim Menschen baut sich auf Ausdrucks- und Kundgabefunktionen die Darstellungs- und Nennfunktion der Zeichen auf. Das für alle Tiere, die in Gruppen leben, wesentliche Doppelprinzip von Pionier und Gefolgschaft, Vormachen und Nachmachen, finden wir in der pflanzlichen Welt nicht.

Auf Grund der *mangelnden Zentralisierung* des pflanzlichen 11
Lebens, besonders des Fehlens eines Nervensystems, ist die Abhängigkeit der Organe und Organfunktionen bei der Pflanze von Hause aus inniger als bei dem Tiere: Jeder Reiz ändert auf Grund des reizleitenden Gewebesystemes der Pflanze in höherem Maße den *ganzen* Lebenszustand, als es beim Tiere der Fall ist. Einer mechanischen Lebenserklärung

ist die Pflanze daher schwerer, nicht leichter zugänglich als das Tier (im allgemeinen). Denn erst mit der Zunahme der Zentralisierung des Nervensystems im Tiere wächst auch die Unabhängigkeit seiner Teilreaktionen – und damit eine gewisse Annäherung des tierischen Körpers an die Maschinenstruktur.

Ferner ist die Individualisierung, d.h. das Maß der räumlichen und zeitlichen Geschlossenheit, bei der Pflanze weit geringer als beim Tiere. Da die Pflanze keiner aktiven Anpassung an die tote und lebendige Umwelt fähig ist, darf man bei den gleichwohl bestehenden teleoklinen Beziehungen, die sie zur anorganischen Zusammensetzung ihres Milieus, ferner zu Insekten, Vögeln etc. hat, sagen, daß die Pflanze für die hinter allen morphologischen Bilderscheinungen stehende *Einheit des Lebens* im metaphysischen Sinne, und für den allmählichen Werdecharakter aller Arten von *Form*bildungen des Lebens an geschlossenen Stoff- und Energiekomplexen in höherem Maße bürge als das Tier. Ganz und gar versagt für ihre Formen wie für ihre Verhaltungsweisen das von den Darwinisten wie den Theisten so maßlos überschätzte Nützlichkeitsprinzip – als sei in einem objektiv-teleologischen Sinne die Pflanze «für» das Tier, das Tier «für» den Menschen da, als sei ein *zweck*haftes Streben in der Natur auf den Menschen hin –, ganz und gar auch der Lamarckismus. Die überaus reichen Formen ihrer blättrigen Teile weisen in ihrer Fülle noch eindringlicher als die Formen- und Farbenfülle der Tiere auf ein phantasievoll spielendes und nur ästhetisch regelndes Prinzip in der unbekannten Wurzel des Lebens hin.

Diese erste Stufe der Innenseite des Lebens, der Gefühlsdrang, ist nicht nur in allen Tieren, sondern auch im *Menschen* noch vorhanden (Der Mensch – wir werden es sehen – faßt ja alle Wesensstufen des Daseins überhaupt, und insbesondere des Lebens, in sich zusammen und, wenigstens den Wesensregionen nach, kommt in ihm die ganze Natur zur konzentriertesten Einheit ihres Seins). Es gibt keine Empfindung, keine Wahrnehmung, keine Vorstellung, hinter der nicht der dunkle Drang stünde, die er mit seinem die Schlaf- und Wachzeiten kontinuierlich durchschneidenden Feuer *nicht* unterhielte – selbst die einfachste Empfindung ist nie bloße Folge des Reizes, sondern immer auch Funktion einer *triebhaften* Aufmerksamkeit. Gleichzeitig stellt der Drang die *Einheit* aller reich gegliederten Triebe und Affekte des Menschen dar. Nach neueren Forschern dürfte er im Gehirnstamm des Menschen, der wahrscheinlich auch Zentralstelle für die die leiblichen und seelischen Vorgänge vermittelnden endokrinen Drüsenfunktionen ist, lokalisiert sein. Der Gefühlsdrang ist auch im Menschen das Subjekt jenes primären *Widerstands*erlebnisses, das die Wurzel alles Habens von «Realität», von «*Wirklichkeit*» ist, insbesondere auch der Einheit und des allen vorstellenden Funktionen vorangängigen Eindrucks der Wirklichkeit. Vorstellen und mittelbares Denken (Schließen) können uns nie etwas anderes als das «Sosein» und «Anderssein» dieser Wirklichkeit indizieren. Sie selbst als «Wirklichsein» des Wirklichen ist uns nur in einem mit Angst verbundenen allgemeinen Widerstande bzw. einem Erlebnis des Widerstandes gegeben[1].

Organologisch stellt das vor allem die Nahrungsverteilung regelnde vegetative Nervensystem, wie schon sein Name sagt, im Menschen die noch in ihm vorhandene Pflanzlichkeit dar. Eine periodische Energieentziehung am animalischen, das äußere Machtverhalten regelnden System zu Gunsten des vegetativen ist wahrscheinlich die Grundbedingung der Rhythmik der Schlaf- und Wachzustände. Insofern ist der Schlaf ein relativ pflanzlicher Zustand des Menschen. Im Weibe, bei ausgeprägten Ackerbaustämmen (im Gegensatz zu Tierzüchtern und Nomaden), in dem ganzen (nichtjüdischen) Asien scheint das pflanzliche Prinzip (wie schon Fechner bemerkt) im Menschen zu überwiegen.

Als die *zweite* seelische Wesensform, die dem undifferenzierten ekstatischen Gefühlsdrang in der objektiven Stufenordnung

[1] Vgl. meine Abhandlungen «Erkenntnis und Arbeit» in «Die Wissensformen und die Gesellschaft» (1926) und «Idealismus – Realismus» im Philosophischen Anzeiger, 2. Jahrg., H. 3, Bonn 1927.

des seelischen Lebens folgt, haben wir das anzusehen, was wir als «*Instinkt*» bezeichnen – ein seiner Deutung und seinem Sinne nach sehr umstrittenes dunkles Wort. Wir entgehen dieser Dunkelheit dadurch, daß wir uns aller Definition mit psychologischen Begriffen zunächst enthalten und den Instinkt (wie auch die folgenden Wesensstufen) ausschließlich vom sog. *Verhalten* des Lebewesens aus definieren. Das «Verhalten» eines Lebewesens ist immer Gegenstand äußerer Beobachtung und möglicher Beschreibung. Es ist unabhängig von den physiologischen Bewegungseinheiten, die es tragen, feststellbar, und ebenso feststellbar, ohne daß (physikalische oder chemische) Reizbegriffe bei seiner Charakteristik eingeführt werden. Wir vermögen unabhängig und *vor* aller, sei es physiologischen, sei es psychologischen, kausalen Erklärung Einheiten und Veränderungen des Verhaltens eines Lebewesens bei veränderlichen Umgebungsbestandteilen festzustellen und gewinnen damit gesetzliche Beziehungen, die insofern bereits sinnerfüllt sind, als sie ganzheitlichen teleoklinen Charakter tragen. Es ist ein Irrtum der «Behavioristen», wenn sie in den Begriff des Verhaltens bereits den physiologischen Hergang seines Zustandekommens aufnehmen. Wertvoll an dem Begriff ist gerade dies, daß es ein *psychophysisch indifferenter* Begriff ist. D.h. jedes Verhalten ist immer auch Ausdruck von Innenzuständen; denn es gibt kein Innerseelisches, das sich nicht im Verhalten umittelbar oder mittelbar «ausdrückt». Es kann und muß daher immer *doppelt* erklärt werden, psychologisch und physiologisch zugleich; es ist gleich falsch, die psychologische Erklärung der physiologischen wie die letztere der ersteren vorzuziehen. Das «Verhalten» ist das deskriptiv «mittlere» Beobachtungsfeld, von dem wir auszugehen haben.

In diesem Sinne nennen wir «instinktiv» ein Verhalten, das folgende Merkmale besitzt: Es muß erstens *sinnmäßig* sein, d.h. so sein, daß es für das *Ganze* des Lebensträgers selbst, seine Ernährung sowie Fortpflanzung, oder das Ganze anderer Lebensträger (d.h. eigendienlich oder fremddienlich) teleoklin ist. Und es muß zweitens nach einem *festen*, unveränderlichen

Rhythmus ablaufen. Auf den festen Rhythmus kommt es an, nicht etwa auf die Organe, die zu diesem Verhalten benutzt werden und die bei Wegnahme dieses oder jenes Organs wechseln können; auch nicht auf die Kombination einzelner Bewegungen, die je nach der Ausgangslage des tierischen Körpers bei gleicher Aufgabe und Leistung wechseln können. Die amechanische Natur des Instinktes, die Unmöglichkeit, ihn auf kombinierte Einzel- oder Kettenreflexe (wie Loeb auf «Tropismen») zurückzuführen, ist dadurch gesichert. Solchen Rhythmus, solche Zeitgestalt, deren Teile sich gegenseitig fordern, besitzen die durch Assoziation, Übung, Gewöhnung – nach dem Prinzip, das Jennings das von «Versuch und Irrtum» genannt hat – *erworbenen*, gleichfalls sinnvollen Bewegungen *nicht*. Die Sinnbeziehung braucht nicht auf gegenwärtige Situationen zu gehen, sondern kann auch auf zeitlich und räumlich weit entfernte abzielen. Ein Tier bereitet z. B. für den Winter oder für die Eiablage etwas sinnvoll vor, obgleich man nachweisen kann, daß es als Individuum ähnliche Situationen noch nie erlebte, und daß auch Kundgabe, Tradition, Nachahmung von Artgenossen dabei ausgeschaltet ist; es verhält sich so, wie sich nach der Quantentheorie schon das Elektron verhält: «als ob» es einen künftigen Zustand vorhersähe.

Ein weiteres Merkmal des instinktiven Verhaltens ist, daß es nur auf solche typisch wiederkehrende Situationen anspricht, die für das *Art*leben als solches, nicht für die Sondererfahrung des Individuums bedeutsam sind. Der Instinkt ist stets art-dienlich, sei es der eigenen, sei es der fremden Art, mit der die eigene Art in einer wichtigen Lebensbeziehung steht (Ameisen und Gäste; Gallenbildungen der Pflanzen; Insekten und Vögel, die die Pflanzen befruchten). Dieses Merkmal scheidet das instinktive Verhalten erstens scharf von «Selbstdressur» durch «Versuch und Irrtum» und allem «Lernen», zweitens von allem «Verstandes»gebrauch, die beide, wie wir sehen werden, primär individual-, und nicht artdienlich sind. Das instinktive Verhalten ist daher niemals eine Reaktion auf die von Individuum zu Individuum wechselnden speziellen Inhalte der Umwelt, sondern je nur auf eine ganz besondere *Struktur*, eine *arttypische* Anordnung der möglichen Umweltteile. Während die speziellen Inhalte weitgehendst ausgewechselt werden können, ohne daß der Instinkt beirrt wird und zu Fehlhandlungen führt, wird die kleinste Änderung der Struktur Beirrungen zur Folge haben. Das ist es, was man als «Starrheit» des Instinktes bezeichnet, im Unterschied zu den überaus plastischen Verhaltungsweisen, die auf Dressur, Selbstdressur und auf Intelligenz beruhen. In seinem gewaltigen Werke «Souvenirs Entomologiques» hat J.-H. Fabre eine überwältigende Mannigfaltigkeit solch instinktiven Verhaltens mit größter Präzision gegeben. Dieser Artdienlichkeit entspricht es, daß der Instinkt in seinen Grundzügen *angeboren* und *erblich* ist, und zwar als spezifiziertes Verhaltungsvermögen selbst, nicht nur als allgemeines Erwerbungsvermögen von Verhaltungsweisen, wie es natürlich auch Gewöhnbarkeit, Dressierbarkeit und Verständigkeit sind. Die Angeborenheit besagt indessen nicht, daß das instinktiv zu nennende Verhalten sich sogleich nach der Geburt abspielen müßte, sondern bedeutet nur, daß es bestimmten Wachstums- und Reifeperioden, eventuell sogar verschiedenen Formen der Tiere (bei Polymorphismus) zugeordnet ist.

Sehr wichtig als Merkmal des Instinktes ist endlich, daß er ein Verhalten darstellt, das von der *Zahl* der Versuche, die ein Tier macht, um einer Situation zu begegnen, unabhängig ist: in diesem Sinne kann er als von vornherein *«fertig»* bezeichnet werden. So wenig wie die eigentliche Organisation des Tieres durch kleine differentielle Variationsschritte entstanden gedacht werden kann, ebensowenig der Instinkt durch Addition erfolgreicher Teilbewegungen. Wohl ist der Instinkt durch Erfahrung und Lernen spezialisierbar, wie man z.B. an den Instinkten der Jagdtiere sieht, denen zwar das Jagen auf ein bestimmtes Wild, nicht aber die Kunst, es erfolgreich auszuüben, angeboren ist. Das aber, was Übung und Erfahrung hier leistet, entspricht immer nur gleichsam den Variationen einer Melodie, nicht der Erwerbung einer neuen.

Der Instinkt ist also schon der Morphogenesis der Lebewesen selbst eingegliedert und im engsten Zusammenhang mit den gestaltenden physiologischen Funktionen tätig, welche die Strukturformen des Tierkörpers erst bilden.

Sehr wichtig ist das Verhältnis des Instinktes zu den *Empfindungen*, zur Tätigkeit der Sinnesfunktionen und -organe, auch zum Gedächtnis. Daß Instinkte erst durch äußere Sinneserfahrungen entstehen (Sensualismus), ist ausgeschlossen. Der Empfindungsreiz löst den rhythmisch festen Ablauf der instinktiven Tätigkeit nur aus, ohne seinen So-Ablauf zu determinieren. Geruchsempfindungsreize, optische Empfindungsreize können dabei *dieselbe* Tätigkeit auslösen – es müssen also nicht einmal Empfindungen derselben Modalität, geschweige denn derselben Qualität sein, die diese Auslösung besorgen. Wohl aber gilt der umgekehrte Satz: *Was* ein Tier vorstellen und empfinden kann, ist durch den Bezug seiner angeborenen Instinkte zur Umweltstruktur *a priori beherrscht* und bestimmt. Dasselbe gilt von seinen *Gedächtnisreproduktionen:* sie erfolgen stets im Sinne und im Rahmen seiner vorherrschenden Instinktaufgaben, ihrer Oberdetermination, und erst in sekundärer Weise ist die Häufigkeit der assoziativen Verknüpfungen der bedingten Reflexe und der Übungen von Bedeutung. Das Tier, das sehen und hören kann, sieht und hört nur das, was für sein instinktives Verhalten bedeutsam ist – auch bei gleichen Reizen und sensorischen Bedingungen der Empfindung. Alle afferenten Nervenbahnen und Rezeptionsorgane für Reize haben sich auch entwicklungsgeschichtlich erst *nach* der Anlage von efferenten Nervenbahnen und Erfolgsorganen gebildet. Noch im Menschen liegt dem Sehen der Trieb zum Sehen, und diesem der allgemeine Wachtrieb zu Grunde; der Schlaftrieb sperrt Sinnesorgane und -funktionen zu. So ist Gedächtnis wie Sinnesleben ganz vom Instinkt gleichsam umschlossen, in ihn eingesenkt. Die sog. «Trieb»handlungen des Menschen sind darin das absolute Gegenteil der Instinkthandlung, daß sie, ganzheitlich betrachtet, ganz sinnlos sein können (z. B. die Sucht nach Rauschgift).

Jede Ableitung instinktiver Verhaltungsweisen aus mechanisch gedachten Tropismen und Taxen (Loeb) – die selbst vielmehr einfachste Instinkte sind –, jede Rückführung auf kombinierte Einzelreflexe motorischer Bahnen (die es nach neueren Forschungen überhaupt nicht gibt; nicht einmal der Patellar- oder der Augenlidschlußreflex ist ein solch rein mechanischer Reflex) und auf Kettenreflexe hat sich als unmöglich erwiesen (Jennings – Alverdes). Ebensowenig aber ist es möglich, den Instinkt auf Vererbung von Verhaltungsweisen zurückzuführen, die auf «Gewohnheit» und «Selbstdressur» beruhen (Spencer), d.h. in letzter Linie auf assoziative Gesetzlichkeit und bedingten Reflex, oder ihn als nachträgliche Automatisierung verständigen, «intelligenten» Verhaltens anzusehen (Wundt). Das Werden des Instinktes einer Art ist durchaus ein Teilprodukt der Artbildung selbst; in «reinen Linien» ist der Instinkt ganz unveränderlich. Teilschritte, wie es solche der Gewöhnung und Übung sind, können ihn nicht verändern, so wenig wie den «Bauplan» eines Tieres. Der Instinkt ist ohne Zweifel eine primitivere Form des Seins und Geschehens als die durch Assoziationen bestimmten seelischen Komplexbildungen. Wir sind in der Lage zu zeigen, daß die psychischen Abläufe, die der assoziativen (gewohnheitsmäßigen) Gesetzmäßigkeit folgen, im Nervensystem erheblich *höher* lokalisiert, also genetisch später sind als die instinktiven Verhaltungsweisen. Gerade die *sinneinheit*lichen Verhaltungsweisen (Greifen nach einem Ding, Singen einer Melodie) können in pathologischen Ausfallserscheinungen noch stattfinden, wo weniger Sinngegliedertes (Einzelbewegungen, wie das Bewegen eines einzelnen Fingers; oder das Singen der Tonleiter) nicht mehr hervorzubringen ist. Diese festgegliederten Sinneinheitlichkeiten des Verhaltens sind wesentlich *sub*kortikal bedingt. Die Großhirnrinde ist wesentlich ein *Dissoziations*organ gegenüber den biologisch einheitlicheren und tiefer lokalisierten Verhaltungsweisen – nicht ein Assoziationsorgan.

Wir dürfen vielmehr sagen, daß das Heraustreten relativer *Einzel*empfindungen und -vorstellungen aus diffusen Komplexen und die assoziative Verknüpfung zwischen diesen Einzelgebilden, desgleichen das Heraustreten eines bestimmten, nach Befriedigung verlangenden «Triebes» aus dem instinktiven Sinnverband des Verhaltens, wie andererseits die Anfänge der «Intelligenz», die den nun erst sinnentleerten Automatismus wieder «künstlich» sinnvoll zu machen sucht, beiderseits, genetisch gesehen, *gleich ursprüngliche Entwicklungsprodukte* (Zerfallsprodukte – nicht im Wertsinne) *des instinktiven Verhaltens* sind. Sie gehen im allgemeinen streng gleichen Schritt sowohl miteinander wie mit der *Individuierung* der Lebewesen, dem Herausfallen des Einzelwesens aus der Artgebundenheit; halten ferner gleichen Schritt mit der Mannigfaltigkeit der individuellen Sondersituationen, in die das Lebewesen gelangen kann. *Schöpferische Dissoziation*, nicht Assoziation oder «Synthese» (Wundt) einzelner Stücke, ist also der Grundvorgang der psychischen Entwicklung. Und dasselbe gilt auch physiologisch: Der Organismus gleicht auch physologisch umso weniger einem Mechanismus, je einfacher er organisiert ist, bringt aber bis zum Eintritt des Todes und der Zytomorphose der Organe immer mehr phänomenal mechanismenartige Gebilde und Verhaltungsweisen selbst hervor. Es dürfte wohl auch nachweisbar sein, daß die Intelligenz keineswegs erst auf einer höheren Stufe des Lebens, wie z.B. Karl Bühler meint, zum assoziativen Seelenleben (und seinem physiologischen Analogon, dem bedingten Reflex) hinzutritt; sie bildet sich vielmehr streng gleichmäßig und parallel zum assoziativen Seelenleben aus, und sie ist, wie jüngst Alverdes und Buytendijk gezeigt haben, keineswegs erst bei den höchsten Säugetieren, sondern schon im Infusorium vorhanden. Es ist, als ob das, was im Instinkt sinnvoll, aber starr und artgebunden ist, in der Intelligenz beweglich und individuell bezogen würde, – das aber, was im Instinkt automatisch ist, in der Assoziation und dem bedingten Reflex mechanisch, also relativ *sinnfrei erst würde*, gleichzeitig aber auch mannigfaltiger kombinierbar. Daß also die Instinkte keine automatisch gewordenen Verstandes- und Willkürhandlungen sind, das läßt auch verstehen, daß die Gliedertiere, welche auch morphologisch eine ganz andere und viel starrere Grundlage ihrer Organisation besitzen als die höheren Tiere, die Instinkte am vollkommensten besitzen, kaum aber Zeichen eines verständigen (intelligenten) Verhaltens von sich geben, dagegen der Mensch als plastischer Säugetiertypus, bei dem die Intelligenz und nicht minder das assoziative Gedächtnis am höchsten entwickelt ist, stark *zurückgebildete* Instinkte besitzt. Auf alle Fälle ist die seelische Grundform des Instinktes an die tierische und in atavistischen Resten an die menschliche Form des Lebens geknüpft.

Versucht man das instinktive Verhalten psychisch zu deuten, so stellt es eine untrennbare *Einheit von Vor-Wissen und Handlung* dar, sodaß niemals *mehr* Wissen gegeben ist, als in den nächsten Schritt der Handlung gleichzeitig eingeht. Zwar liegt schon der Anfang der Trennung von Sensation und Reaktion vor (Reflexbogen), aber es besteht noch der engste Zusammenhang beider in der Funktion. Ferner ist das Wissen, das im Instinkte liegt, nicht sowohl ein Wissen durch Vorstellungen und Bilder oder gar durch Gedanken, sondern ein *Fühlen* wertbetonter und nach *Wert*eindrücken differenzierter, anziehender und abstoßender *Widerstände*. Von «eingeborenen Vorstellungen» bei Instinkten zu reden, wie es Reimarus getan hat, hat also keinen Sinn.

Im Verhältnis zum Gefühlsdrang ist der Instinkt bereits zwar auf artmäßig *häufig wiederkehrende*, aber doch *spezifische* – inhaltlich verschiedene, daher nicht ohne Wahrnehmung gegebene – Bestandteile der Umwelt gerichtet. Er stellt als solcher eine zunehmende Spezialisierung des Gefühlsdrangs und seiner Qualitäten dar.

IV.

Unter den zwei Verhaltungsweisen, die, wie wir sahen, beide ursprünglich aus dem instinktiven Verhalten hervorgehen, das «gewohnheitsmäßige» und das «intelligente» Verhalten, stellt das «gewohnheitsmäßige» – die *dritte* psychische Form, die wir unterscheiden – den Inbegriff der Tatsachen der Assoziation, Reproduktion, des bedingten Reflexes, d.h. jene Fähigkeit dar, die wir als «*assoziatives Gedächtnis*» (Mneme) bezeichnen. Diese Fähigkeit kommt keineswegs allen Lebewesen zu; sie fehlt den Pflanzen, wie schon Aristoteles gesehen hat. Zusprechen müssen wir sie jedem Lebewesen, dessen Verhalten sich auf Grund früheren Verhaltens gleicher Art in einer lebensdienlichen, also sinnvollen Weise *langsam und stetig abändert*, d.h. so, daß das jeweilige Maß, in welchem sein Verhalten sinnvoller wird, in strenger Abhängigkeit steht von der *Zahl der Versuche* oder der sog. Probierbewegungen. *Daß* ein Tier überhaupt spontan Probierbewegungen macht (auch die spontanen Spielbewegungen z.B. der jungen Hunde und Pferde lassen sich dazu rechnen), daß es ferner die Bewegungen zu wiederholen tendiert, gleichgültig, ob sie Lust oder Unlust im Gefolge haben, beruht *nicht* auf dem Gedächtnis, sondern ist aller Reproduktion Voraussetzung: ein selbst eingeborener Trieb (Wiederholungstrieb). Daß es aber diejenigen Bewegungen, die hierbei *Erfolg* hatten für irgend eine positive Triebbefriedigung, später häufiger zu wiederholen sucht – sodaß sie sich in ihm «fixieren» – als diejenigen, die Mißerfolg hatten, ist eben die Grundtatsache, die wir mit dem Prinzip von «Erfolg und Irrtum» bezeichnen. Wo wir solche Tatsachen finden, sprechen wir von «*Übung*», wo es sich nur um das Quantitative handelt, von «*Erwerbung*» von Gewohnheiten in qualitativer Hinsicht, je nachdem von Selbstdressur oder, wenn der Mensch eingreift, von Fremddressur.

Diese psychische und physiologische Fähigkeit *allem* organischen Leben zuzusprechen (wie Hering und Semon wollten), wäre richtig nur, wenn man damit sagen will, daß das Verhalten alles Lebendigen niemals nur von dem zeitlich unmittelbar vorgehenden Zustand des Organismus, sondern von seiner ganzen Vorgeschichte abhängig ist, daß Lebendiges – im Unterschied vom (phänomenal) Toten – keine streng soseinsidentischen Zustände besitzt, daß also gleiche Ursachen und gleiche Wirkungen hier nicht vorkommen. Es ist aber falsch, wenn man damit meint, daß spezielle sensomotorische Verhaltungsweisen bei allem Lebendigen einen bestimmenden Einfluß auf den jeweilig leichteren Ablauf ähnlicher Verhaltungsweisen besitzen. Denn in diesem Sinne besitzt das gesamte pflanzliche Leben keine obiger Tatsachen, und kann es auch nicht, da es, ganz nach außen ergossen, jene Rückmeldung von jeweiligen Organzuständen an ein Zentrum (= Empfindung) und ein Motorium *nicht* hat.

Die Grundlage des assoziativen Gedächtnisses ist der von Pawlow so benannte «*bedingte Reflex*». Ein Hund z.B. sondert nicht nur bestimmte Magensäfte ab, wenn das Fressen in seinen Magen gelangt, sondern auch schon, wenn er das Fressen sieht, oder sogar, wenn er nur die Schritte des Mannes hört, der ihm das Fressen zu bringen pflegt; der Mensch sondert die Verdauungssäfte sogar schon dann ab, wenn ihm im Schlaf suggeriert wird, daß er die betreffende Nahrung einnehme. Läßt man bei einem solchen Verhalten, das durch einen Reiz ausgelöst wird, gleichzeitig mehrmals ein Signal erklingen, so kann auch ohne den adäquaten Reiz bei Auslösen des Signals das betreffende Verhalten eintreten. Solche und ähnliche Tatsachen nennt man «*bedingten Reflex*». Nur die psychische Analogie dazu ist die sog. «assoziative Gesetzlichkeit», nach der ein erlebter Gesamtkomplex von Vorstellungen sich wiederherzustellen und seine fehlenden Glieder zu ergänzen strebt, wenn ein Teil dieses Komplexes, z.B. ein Teil der Umwelt, sensorisch oder motorisch wiedererlebt wird. Zerfällt ein Komplex in mehrere Teilstücke, so können sich auch diese Einzelvorstellungen wieder verbinden nach dem Gesetz von «Berührung und Ähnlichkeit». Die sog. Assoziationsgesetze für die Reproduktion von Vorstellungen resultieren hieraus. So sicher hier eine eigentümliche Gesetzlichkeit des psychischen Lebens vorliegt, die bei einigen höheren Tierarten, besonders den Wirbel- und Säugetieren, eine sehr große Rolle spielt, so hat doch die Forschung gewiß gemacht: vollständig strenge Assoziationen von Einzelvorstellungen, die *nur* dieser Gesetzmäßigkeit von «Berührung und Ähnlichkeit» d.h. partieller Identität der Ausgangsvorstellungen mit früheren Komplexen unterliegen, dürften niemals vorkommen –

so wenig wie ein völlig isolierter immer gleicher Reflex eines einzelnen örtlich bestimmten Organs, so wenig auch wie eine streng reizproportionale «reine» Empfindung, unabhängig von allen wechselnden determinierenden Triebeinstellungen und allem Gedächtnismaterial. (Jede Empfindung ist immer eine Funktion des Reizes *und* der triebhaften Aufmerksamkeit *.) So wenig es eine «reine», isolierte, streng reizproportionale Empfindung gibt, so wenig eine «reine» Assoziation. Alles assoziative Gedächtnis steht unter der determinierenden Kraft von Trieben, Bedürfnissen und deren Aufgaben, die diese selbst (oder der Zwang des Dresseurs) setzen. Es handelt sich bei allen Assoziationsgesetzen – genauso wie bei den Naturgesetzen der Physik, die Gesamtvorgänge betreffen – wahrscheinlich nur um statistische Regelmäßigkeiten, *nicht* um Elementargesetze des Seelenlebens (wie Locke, Hume, Mill, die gesamte Assoziationspsychologie meinten). Alle Begriffe wie «reine» Empfindung, assoziativer Reflex etc. haben daher den Charakter von *Grenzbegriffen*, die nur die Richtung einer gewissen Art von psychischen bzw. physiologischen Veränderungen andeuten. Annähernd reine Assoziationen finden sich wohl nur bei ganz bestimmten *Ausfalls*erscheinungen gedanklicher Oberdeterminanten, z.B. bei äußeren Klangassoziationen der Sprachworte im Zustande der Ideenflucht.

So wenig ist diese Verknüpfungsweise genetisch elementar, daß erst im *Altern* der seelische Vorstellungsverlauf (als Folge der Stärkeminderung und der Differenzierungsabnahme des Trieblebens) sich dem Assoziationsmodell mehr und mehr annähert – wie die Veränderungen der Schrift, des Zeichnens, der Malerei, der Sprache im hohen Alter bezeugen: sie erhalten alle einen zunehmend additiven, nicht-ganzheitlichen Charakter (d. h. die Assoziationsgesetzlichkeit gilt angenähert für den senilen Schwachsinn). Analog nähert sich im Altern die Empfindung der Reizproportionalität der «reinen» Empfindung. Geradeso wie der leibliche Organismus im Laufe des Lebens immer mehr einen relativen Mechanismus hervorbringt – bis er im Tode ganz in einen solchen versinkt –, bringt auch unser psychisches Leben immer mehr rein *gewohnheitsmäßige* Verbindungen von Vorstellungen und Verhaltungsweisen hervor: der Mensch wird im Altern immer mehr der Sklave der Gewohnheit. (Ferner folgen die Assoziationen von *Einzel*vorstellungen *genetisch* den Komplexassoziationen, die ihrerseits dem instinktiven Ablauf noch näher stehen.) Genau so wie die nüchterne Wahrnehmung von Tatbeständen ohne Phantasieüberschuß bzw. ohne mythische Verarbeitung ein *Spät*phänomen der seelischen Entwicklung ist für den einzelnen bzw. für ganze Völker – das ganze Leben der Völker in ihrer mythologischen Jugendperiode, nicht minder das seelische Leben des Kindes ist überwuchert und zugedeckt von der spontanen ursprünglichen Trieb- und Wunsch*phantasie* –, so ist auch die (gehirnphysiologisch sehr hoch lokalisierte) assoziative Verbindung ein solches *Spät*phänomen[1]. Sie ist also nichts weniger als ein Elementarphänomen, zu dem später synthetisierende Bindungen durch ein sog. «beziehendes Denken» oder eine «Oberseele» träten.

Das assoziative Gedächtnis ist auch darin nie «rein», daß es, wie sich gezeigt hat, fast keine Assoziation gibt, die ganz ohne intellektuellen Einschlag ist. Niemals findet sich der Fall, daß der Übergang von assoziativer Zufallsreaktion zu sinnmäßiger Reaktion streng stetig mit der Zahl der Versuche wächst. Die Kurven zeigen fast immer Unstetigkeit, und zwar in dem Sinne, daß die Wendung von Zufall zu Sinn schon etwas *früher* eintritt, als das *reine* Prinzip von «Versuch und Irrtum» nach den Wahrscheinlichkeitsregeln erwarten läßt – so, als sei durch die Zahl der Versuche so etwas wie «Einsicht» geweckt worden.

Das Prinzip des assoziativen Gedächtnisses ist in irgend einem Grade ~~bereits~~ bereits bei allen *Tieren* tätig und stellt sich als unmittelbare Folge des Auftretens des *Reflexbogens*, der Scheidung des sensorischen vom motorischen Systeme dar. In der Größe seiner Verbreitung gibt es aber gewaltige Unterschiede. Die typischen Instinkttiere (Gliedertiere) mit ketten-

[1] Vgl. hierzu meine Abhandlung «Erkenntnis und Arbeit», Abschn. V.

artig geschossenem Bau zeigen es am wenigsten, die Tiere von plastischer, wenig starrer Organisation mit großer breiter Kombinierbarkeit immer neuer Bewegungen aus Teilbewegungen (Säuge- und Wirbeltiere) zeigen es am schärfsten. Im Menschen nimmt das Prinzip der Assoziation, Reproduktion, die größte Ausdehnung an. Eng verbindet sich das Prinzip vom ersten Augenblick seines Auftretens an mit der Handlungs- und Bewegungs*nachahmung* auf Grund des Affektausdruckes und der Signale der Artgenossen. «Nachahmung» und «Kopieren» sind nur Spezialisierungen jenes Wiederholungstriebes, angewandt auf *fremdes Verhalten und Erleben*, der zunächst eigenen Verhaltungsweisen und Erlebnissen gegenüber tätig ist und sozusagen den Dampf alles reproduktiven Gedächtnisses darstellt. Durch die Verknüpfung beider Erscheinungen bildet sich erst die wichtige Tatsache der «*Tradition*», die zu der biologischen «Vererbung» eine ganz neue *Dimension* der Bestimmung des tierischen Verhaltens durch die Vergangenheit des Lebens der Artgenossen hinzubringt, jedoch von aller freibewußten «Erinnerung» an Vergangenes (Anamnesis) und von aller Überlieferung auf Grund von Zeichen, Quellen, Dokumenten, (allem Geschichtswissen) aufs allerschärfste geschieden werden muß. Während diese letzteren Formen nur dem *Menschen* eigentümlich sind, tritt die Tradition schon in den Horden, Rudeln und sonstigen Gesellschaftsformen der Tiere auf: auch hier lernt»« die Herde, was die Pioniere vormachen, und vermag es kommenden Generationen zu überliefern.

Ein gewisser «Fortschritt» ist daher schon durch die Tradition möglich. Doch beruht alle echte menschliche Entwicklung wesentlich auf einem zunehmenden *Abbau* der Tradition. Bewußte «Erinnerung» an individuelle, einmalig erlebte Geschehnisse und stetige Identifikation einer Mehrheit von Erinnerungsakten untereinander auf ein und dasselbe Vergangene hin ist nur dem Menschen eigen; sie stellt stets die Auflösung, ja die eigentliche Tötung der lebendigen Tradition dar. Die tradierten Inhalte sind uns ja gleichwohl stets als «gegenwärtige» gegeben, sind zeitlich undatiert; sie erweisen sich als wirksam auf unser gegenwärtiges Tun, ohne aber selbst dabei in einer bestimmten Zeitdistanz *gegenständlich* zu werden: die Vergangenheit *suggeriert* uns mehr in der Tradition, als daß wir um sie wissen[1]». Die Abtragung der Traditionsgewalt schreitet in der menschlichen Geschichte zunehmend fort; sie ist eine Leistung der Ratio, die stets in ein und demselben Akte einen tradierten Inhalt *objektiviert* und in die Vergangenheit, in die er gehört, gleichsam *zurückwirft* – damit den Boden freimachend für je neue Entdeckungen und Erfindungen. Die sehr langsame Abtragung der Wirksamkeit all dieser Mächte, welche «die Gewohnheit zur Amme des Menschen machen», ist ein wesentlicher Teil aller Geschichte. Der Druck, den die Tradition auf unser Verhalten vorbewußt ausübt, nimmt in der Geschichte durch die fortschreitende Geschichts*wissenschaft* zunehmend ab.

Die Wirksamkeit des assoziativen Prinzips bedeutet im Aufbau der psychischen Welt zugleich Zerfall des Instinktes und seiner Art von «Sinn» *und* Fortschritt der Zentralisierung und gleichzeitigen Mechanisierung des organischen Lebens. Sie bedeutet ferner zunehmende *Herauslösung* des organischen *Individuums* aus der Artgebundenheit und der anpassungslosen Starrheit des Instinktes. Denn erst durch den Fortschritt dieses Prinzips vermag das Individuum sich je *neuen*, d. h. nicht-arttypischen Situationen anzupassen. Es hört damit auf, nichts weiter zu sein als ein Durchgangspunkt von Fortpflanzungsprozessen. Ist das Prinzip der Assoziation im Verhältnis zur praktischen Intelligenz (wie wir sehen werden) noch ein *relatives* Prinzip der Starrheit und Gewohnheit – ein «konservatives Prinzip» –, so ist es im Verhältnis zum Instinkt also bereits

[1] Die Suggestion, nach P. Schilder wahrscheinlich auch die Hypnose, ist eine schon in der Tierwelt weit verbreitete Erscheinung; letztere dürfte als Hilfsfunktion der Begattung entstanden sein und diente wohl zuerst dem Ziele, das Weibchen in den Zustand der Lethargie zu versetzen. Die Suggestion ist eine primäre Erscheinung gegenüber der «Mitteilung», z. B. eines Urteils, dessen Sach-Sinnverhalt selbst im «Verstehen» erfaßt wird. Dieses letztere Verstehen von gemeinten Sachverhalten, die in einem sprachlichen Satz beurteilt werden, findet sich nur beim Menschen.

ein mächtiges Werkzeug der *Befreiung*. Es schafft eine ganz neue Dimension des Reicherwerdens des Lebens.

Das gilt auch für die Triebe, Gefühle, Affekte. Der vom Instinkt entbundene *Trieb* erscheint relativ schon bei den höheren Tieren – damit freilich auch der Horizont der Maßlosigkeit: er wird schon hier mögliche Lustquelle, unabhängig vom Ganzen der Lebenserfordernisse. Nur solange z. B. der Sexualimpuls eingebettet ist in die tiefe Rhythmik der mit dem Wandel der Natur einhergehenden Brunstzeiten, ist er ein unbestechlicher *Diener* des Lebens. Herausgelöst aus der instinktiven Rhythmik, wird er mehr und mehr selbständige *Quelle der Lust* – und kann schon bei höheren Tieren, insbesondere bei gezähmten, den biologischen Sinn seines Daseins weit überwuchern (z.B. Onanie bei Affen, Hunden). Wird das Triebleben, das ursprünglich durchaus auf Verhaltungsweisen und Güter, und keineswegs auf die Lust als Gefühl gerichtet ist, vom Menschen prinzipiell als Lustquelle benutzt, wie in allem Hedonismus, so haben wir es mit einer späten Dekadenzerscheinung des menschlichen Lebens zu tun. Die rein auf die Lust gerichtete Lebenshaltung stellt eine ausgesprochene *Alters*erscheinung des individuellen wie des Völker-Lebens dar, wie etwa der alte, «den Tropfen kostende» Trinker und analoge Erscheinungen im Erotischen bezeugen. Ebenso ist die Trennung der höheren und niederen seelischen Funktionsfreuden von der Zustandslust der Triebbefriedigung und das Überwuchern der Zustandslust über die vitalen und geistigen Funktionsfreuden eine Alterserscheinung*. Das «Lustprinzip» ist also nichts Ursprüngliches, wie der Hedonismus, ein Bruder des Sensualismus, meint, sondern Folge erst gesteigerter assoziativer Intelligenz. Erst im Menschen nimmt diese Isolierbarkeit des Triebes aus dem instinktiven Verhalten und die Trennbarkeit von Funktions- und Zustandslust die ungeheuerlichsten Formen an, so daß man mit Recht gesagt hat, der Mensch könne immer *mehr* oder *weniger* als ein Tier sein, niemals aber – ein Tier.

Wo immer die Natur diese neue psychische Form des assoziativen Gedächtnisses aus sich hervorgehen ließ, hat sie, wie ich schon andeutete, zugleich das Korrektiv für ihre Gefahren schon in die ersten Anlagen dieser Fähigkeit mit hineingelegt. Dieses Korrektiv ist nichts anderes als die prinzipiell noch *organisch gebundene praktische Intelligenz*, wie wir sie nennen wollen – die *vierte* Wesensform des psychischen Lebens. Eng mit ihr einher geht die, ebenso noch organisch gebundene, Wahlfähigkeit und Wahlhandlung, die Vorzugsfähigkeit zwischen Gütern und die über den bloßen Geschlechtstrieb hinausgehende Vorzugsfähigkeit zwischen den Artgenossen im Prozeß der Fortpflanzung (Anfänge des Eros) *.

Auch das «intelligente» Verhalten können wir definieren zunächst ohne Hinblick auf die psychischen Vorgänge. Ein Lebewesen verhält sich «intelligent», wenn es ohne Probierversuche oder je neu hinzutretende Probierversuche ein sinngemäßes – sei es «kluges», sei es das Ziel zwar verfehlendes, aber doch merkbar anstrebendes, d.h. «törichtes» («töricht» kann nur sein, wer intelligent ist) – Verhalten *neuen*, weder art- noch individualtypischen Situationen gegenüber vollzieht, und zwar *plötzlich* und vor allem *unabhängig von der Anzahl* der vorher gemachten Versuche, eine triebhaft bestimmte Aufgabe zu lösen. Wir sprechen von «organisch gebundener» Intelligenz, solange als das innere und äußere Verfahren, welches das Lebewesen einschlägt, im Dienste einer Triebregung oder einer Bedürfnisstillung steht, und wir nennen diese Intelligenz auch «praktisch», da ihr Endsinn immer ein *Handeln* ist, durch das der Organismus sein Trieb-Ziel erreicht (bzw. verfehlt). Dieselbe Intelligenz kann beim Menschen in den Dienst spezifisch *geistiger* Ziele gestellt werden; erst dann erhebt sie sich über Schlauheit und List.

Gehen wir auf die psychische Seite hinüber, so können wir Intelligenz definieren als die plötzlich aufspringende *Einsicht* in einen zusammenhängenden *Sach- und Wertverhalt* innerhalb der Umwelt, der weder direkt wahrnehmbar gegeben ist noch auch je vorher wahrgenommen wurde, d.h. reproduktiv verfügbar wäre. Positiv ausgedrückt: als Einsicht in einen Sachverhalt (seinem Dasein und zufälligen Sosein nach) auf Grund eines Beziehungsgefüges, dessen Fundamente zu einem Teil in der Erfahrung gegeben sind, zum anderen Teile antizipatorisch in der Vorstellung, z.B. auf einer bestimmten Stufe optischer Anschauung, hinzu ergänzt werden. Für dieses nicht reproduktive, sondern *pro*duktive Denken ist also kennzeichnend immer die *Antizipation*, das Vorher-Haben eines neuen, nie erlebten Tatbestandes (pro-videntia, Klugheit, Schlauheit, List).

Der Unterschied der Intelligenz gegenüber dem assoziativen Gedächtnis liegt klar zu Tage: Die zu erfassende Situation, der im Verhalten praktisch Rechnung zu tragen ist, ist nicht nur *art*neu und atypisch, sondern vor allem *auch dem Individuum* «neu». Ein solches objektiv sinnvolles Verhalten erfolgt *plötzlich*, und zeitlich *vor* neuen Probierversuchen und *unabhängig von der Zahl* der vorhergehenden Versuche. Schon im Ausdruck drückt sich diese Plötzlichkeit aus, z.B. im Aufleuchten des Auges des Tieres, was Wolfgang Köhler sehr plastisch als Ausdruck eines «Aha»-Erlebnisses deutet. Ferner: Nicht Verbindungen von Erlebnissen, die nur gleichzeitig gegeben waren oder in ihren Teilen partiell identisch d. h. ähnlich sind, rufen hier die neue Vorstellung hervor, die eine Lösung der Aufgabe enthält; auch nicht feste, typisch wiederkehrende Gestaltstrukturen der *Umwelt lösen das intelligente Verhalten aus – vielmehr sind es vom Triebziel determinierte, gleichsam *ausgewählte Sachbeziehungen* der wahrgenommenen einzelnen Umweltteile *zueinander*, welche das Aufspringen der neuen Vorstellung zur Folge haben: Beziehungen wie gleich, ähnlich, analog zu x, Mittelfunktion zur Erreichung von etwas, Ursache von etwas.

Ob das *Tier*, insbesondere die höchstorganisierten Menschenaffen, die Schimpansen, die hier geschilderte Stufe des psychischen Lebens erreicht haben oder nicht, darüber herrscht heute ein verwickelter und unerledigter Streit, der hier nur oberflächlich berührt werden kann. Seit Wolfgang Köhler seine, auf der deutschen Versuchsstation in Teneriffa mit erstaunlicher Geduld, Genauigkeit und Ingeniosität vorgenommenen, lang-

* Jakob v. Üxkyl zu Tier und Umwelt

jährigen Versuche mit Schimpansen veröffentlicht hat[1], ist dieser Streit nicht verstummt, an dem sich fast alle Psychologen beteiligt haben. Mit vollem Recht spricht meines Erachtens Köhler seinen Versuchstieren einfachste Intelligenzhandlungen im oben definierten Sinne zu. Andere Forscher bestreiten sie – fast jeder sucht mit anderen Gründen die alte Lehre zu stützen, es komme den Tieren nichts weiter zu als assoziatives Gedächtnis und Instinkt, und es sei Intelligenz auch schon als primitive Schlußfolgerung (ohne Zeichen) ein, ja *das* Monopol des Menschen. Die Köhlerschen Versuche bestanden darin, daß zwischen Triebziel (z. B. eine Frucht) und Tier steigend verwickelte Umwege oder Hindernisse oder als mögliche «Werkzeuge» dienende Gegenstände (Kisten, Seile, Stöcke, mehrere ineinander schiebbare Stöcke, Stöcke, die erst herbeizuschaffen oder als solche zu präparieren waren) eingeschoben wurden und dann beobachtet wurde, ob, wie und mit welchen vermutlichen psychischen Funktionen das Tier nun sein Triebziel zu erreichen wisse und wo hier die genau bestimmbaren Grenzen seiner Leistungsfähigkeit liegen. Die Versuche erwiesen nach meiner Ansicht klar, daß die Leistungen der Tiere *nicht* alle aus Instinkten und dazutretenden assoziativen Vorgängen (Gedächtniskomponenten vorhandener Vorstellungsverbindungen) abgeleitet werden können, daß vielmehr in einigen Fällen echte *Intelligenz*handlungen vorliegen.

Was an solch praktisch-organisch gebundener Intelligenz vorzuliegen scheint, sei kurz skizziert: Indem das Triebziel, z. B. eine Frucht, dem Tiere optisch aufleuchtet und sich gegenüber dem optischen Umwelt-Felde scharf abhebt und verselbständigt, bilden sich alle Gegebenheiten, die die Umwelt des Tieres enthält, eigenartig um, insbesondere das ganze optische Feld zwischen Tier und Frucht. Es strukturiert sich in seinen Sachbezügen so, erhält ein derartiges *relativ* «abstraktes» Relief, daß Dinge, die, für sich wahrgenommen, dem Tier entweder gleichgültig oder als «etwas zum Beißen», «etwas zum Spielen», «etwas zum Schlafen» erscheinen, den abstrakten *dynamischen*

[1] In den Abhandl. d. Preuss. Akad. der Wissenschaften, Berlin 1917/18

Bezugscharakter «Ding zum Fruchtholen» erhalten; nicht also nur wirkliche Stöcke, die den Ästen ähnlich sind, an denen im normalen Baumleben des Tieres Früchte hängen – das könnte noch als Instinkt gedeutet werden –, sondern auch ein Stück Draht, Strohhalme, eine Strohhutkrempe, eine Decke, die das Tier aus seinem Schlafraum holt, um eine direkt nicht erreichbare, außerhalb des Käfigs liegende Frucht heranzuziehen: kurz alles, was die abstrakte Vorstellung «beweglich und langgestreckt» erfüllt. Die Triebdynamik im Tiere selbst ist es, die sich hier zu ver*sach*lichen und in die Umgebungsbestandteile hinein zu *erweitern* beginnt. Der betreffende Gegenstand, den das Tier gebraucht, erhält den (allerdings nur okkasionellen) dynamischen Funktionswert eines «Werkzeugs», eines «etwas zur Annäherung der Frucht»; er erhält den Charakter der sinnmäßigen Gerichtetheit auf das optisch gegebene, stark aufleuchtende Ziel hin: das Seil, der Stock *selbst* scheint sich dem Tiere auf das Ziel hin zu «richten», wenn nicht hinzubewegen. Bei der viel größeren Nachgiebigkeit des tierischen (auch des kindlichen und primitiv-menschlichen) optischen Komplexes für Begierden, Triebe, Wunschziele ist es nicht ausgeschlossen, daß diese Verlagerung gleichsam des Triebimpulses *in die Umweltdinge hinein* («als wollten diese selber alle zur Frucht hin», nicht nur das Tier) auch optische Bewegungserscheinungen des Stockes in die Richtung der Frucht auftreten läßt (eine Erscheinung, die E. R. Jaensch für die optischen Anschauungsbilder bei Kindern nachwies). Das Kausal- oder Wirkphänomen – ein dynamisches Phänomen, das keineswegs in ein regelmäßiges Nacheinander der Erscheinungen aufgeht, wie Hume vermeinte – dürften wir hier in seinem ersten Ursprung belauschen: als ein Phänomen, das in der *Vergegenständlichung der erlebten Triebhandlungskausalität auf die Dinge der Umwelt* beruht und hier mit «Mittel»sein noch vollständig zusammenfällt. Gewiß findet die beschriebene Umstrukturierung beim Tiere nicht durch bewußte, reflexive Tätigkeit statt, sondern durch eine Art *anschaulicher* Umstellung der Umweltgegebenheiten selbst. Aber es ist doch echte Intelligenz, Erfindung, und nicht nur

Instinkt und Gewohnheit. Der große Unterschied der Begabung der Tiere zu solchem Verhalten bestätigt übrigens den intelligenten (nichtinstinktiven) Charakter dieser Handlungen.

Für Wahl und Wahlhandlung gilt ähnliches. Es ist irrig, dem Tiere die Wahlhandlung abzusprechen, zu meinen, daß immer nur der je stärkere Einzeltrieb es (nach dem Resultantenprinzip) bewege. Das Tier ist kein Triebmechanismus, so wenig als es ein Instinktautomatismus und Assoziations- und Reflexmechanismus ist. Nicht nur sind seine Triebimpulse nach führenden Obertrieben und ausführenden Unter- und Hilfstrieben, ferner nach Trieben zu allgemeineren und spezielleren Leistungen bereits scharf gegliedert – es vermag darüber hinaus auch von seinem Trieb*zentrum* her, das es (im Gegensatz zur Pflanze) entsprechend dem Maß der Einheitsstruktur seines Nervensystems hat, spontan in seine Triebkonstellation einzugreifen und, bis zu einer gewissen Grenze, nahewinkende Vorteile zu meiden, um zeitlich entferntere und nur auf Umwegen zu gewinnende, aber größere Vorteile zu erreichen. Das, was das Tier sicher *nicht* hat, ist erst jenes Vorziehen zwischen *Werten selbst* – z. B. das Vorziehen des Nützlichen als Wert vor dem Angenehmen als Wert, unabhängig von den einzelnen konkreten *Güterdingen*, – und die eng dazugehörige «Gesinnung *». In allem Affektiven steht das Tier dem Menschen sogar noch viel näher als in Bezug auf Intelligenz. Geschenk, Hilfsbereitschaft, Versöhnung und ähnliches kann man bereits bei Tieren finden.

*

Hier aber erhebt sich nun die für unser ganzes Problem entscheidende Frage: Besteht dann, wenn dem Tiere bereits Intelligenz zukommt, überhaupt noch *mehr* als ein nur gradueller Unterschied zwischen Mensch und Tier – besteht dann noch ein *Wesensunterschied?* Oder aber gibt es über die bisher behandelten Wesensstufen hinaus noch etwas ganz anderes im Menschen, ihm spezifisch Zukommendes, was durch Wahl und Intelligenz überhaupt nicht getroffen und erschöpft ist?

Hier scheiden sich die Wege am schärfsten. Die einen wollen

dem Menschen Intelligenz und Wahl vorbehalten und sie dem Tiere absprechen: sie erkennen zwar einen überquantitiven Unterschied, einen Wesensunterschied an, behaupten ihn aber da, wo nach meiner Ansicht kein Wesensunterschied vorliegt. Die anderen, insbesondere alle Evolutionisten der Darwin- und Lamarckschule, lehnen mit Darwin, G. Schwalbe und auch mit W. Köhler einen letzten Unterschied zwischen Mensch und Tier ab, eben weil das Tier auch bereits Intelligenz besitze; sie hängen damit in irgendeiner Form der großen Einheitslehre vom Menschen an, die ich als Theorie des «homo faber» bezeichne, und kennen selbstverständlich dann auch keinerlei metaphysisches Sein, keine Metaphysik des Menschen, d. h. kein ausgezeichnetes Verhältnis, das der Mensch als solcher zum Weltgrund besäße.

Was mich betrifft, so weise ich beide Lehren zurück. Ich behaupte: Das Wesen des Menschen und das, was man seine «*Sonderstellung*» nennen kann, steht *hoch* über dem, was man Intelligenz und Wahlfähigkeit nennt, und würde auch nicht erreicht, wenn man sich diese Intelligenz und Wahlfähigkeit quantitativ beliebig, ja bis ins Unendliche gesteigert vorstellte[1]. Aber auch das wäre verfehlt, wenn man sich das Neue, das den Menschen zum Menschen macht, nur dächte als eine zu den psychischen Stufen: Gefühlsdrang, Instinkt, assoziatives Gedächtnis, Intelligenz und Wahl noch hinzukommende neue Wesensstufe *psychischer* und der *Vital*sphäre angehöriger Funktionen und Fähigkeiten, die zu erkennen also in der Kompetenz der Psychologie und Biologie läge.

Das neue Prinzip steht *außerhalb* alles dessen, was wir «Leben» im weitesten Sinne nennen können. Das, was den Menschen allein zum «Menschen» macht, ist nicht eine neue Stufe des Lebens – erst recht nicht nur eine Stufe der *einen* Manifestationsform dieses Lebens, der «Psyche» –, sondern es ist ein allem und *jedem Leben überhaupt*, *auch dem Leben im Menschen ent-*

[1] Zwischen einem klugen Schimpansen und Edison, dieser nur als Techniker genommen, besteht nur ein – allerdings sehr großer – *gradueller* Unterschied.

gegengesetztes Prinzip: eine echte neue Wesenstatsache, die als solche überhaupt nicht auf die «natürliche Lebensevolution» zurückgeführt werden kann, sondern, wenn auf etwas, nur auf den obersten einen Grund der Dinge selbst zurückfällt: auf denselben Grund, dessen *eine* große Manifestation das «Leben» ist.

Schon die Griechen behaupteten ein solches Prinzip und nannten es «Vernunft[1]». Wir wollen lieber ein umfassenderes Wort für jenes X gebrauchen, ein Wort, das wohl den Begriff «Vernunft» mitumfaßt, aber neben dem «*Ideendenken*» auch eine bestimmte Art der «*Anschauung*», die von Urphänomenen oder Wesensgehalten, ferner eine bestimmte Klasse *volitiver* und *emotionaler Akte* wie Güte, Liebe, Reue, Ehrfurcht, geistige Verwunderung, Seligkeit und Verzweiflung, die freie Entscheidung mitumfaßt –: das Wort «*Geist*». Das Aktzentrum aber, in dem Geist innerhalb endlicher Seinssphären erscheint, bezeichnen wir als «*Person*», in scharfem Unterschied zu allen funktionellen Lebenszentren, die nach innen betrachtet auch «seelische» Zentren heißen.

Was aber ist nun jener «Geist», jenes neue und so entscheidende Prinzip? Selten ist mit einem Worte so viel Unfug getrieben worden – einem Worte, bei dem sich nur wenige etwas Bestimmtes denken. Stellen wir hier an die Spitze des Geistbegriffes seine besondere Wissensfunktion, die Art Wissen, die nur er geben kann, dann ist die Grundbestimmung eines geistigen Wesens, wie immer es psychophysisch beschaffen sei, *seine existentielle Entbundenheit vom Organischen*, seine Freiheit, Ablösbarkeit – oder doch die seines Daseinszentrums – von dem Bann, von dem Druck, von der Abhängigkeit vom *Organischen*, vom «*Leben*» und allem, was zum Leben gehört – also auch von seiner eigenen triebhaften «Intelligenz».

Ein «geistiges» Wesen ist also nicht mehr trieb- und umweltgebunden, sondern «umweltfrei» und, wie wir es nennen wollen, «*weltoffen*»: Ein solches Wesen hat «*Welt*». Ein solches Wesen vermag ferner die auch ihm ursprünglich gegebenen

[1] Vgl. Julius Stenzel «Der Ursprung des Geistbegriffes bei den Griechen» in der Zeitschrift «Die Antike».

«Widerstands»- und Reaktionszentren seiner Umwelt, die das Tier allein hat und in die es ekstatisch aufgeht, zu «*Gegenständen*» zu erheben und das *Sosein* dieser Gegenstände prinzipiell *selbst* zu erfassen, ohne die Beschränkung, die diese Gegenstandswelt oder ihre Gegebenheit durch das vitale Triebsystem und die ihm vorgelagerten Sinnesfunktionen und Sinnesorgane erfährt.

Geist ist daher *Sachlichkeit*, Bestimmbarkeit durch das Sosein von Sachen selbst. Geist «hat» nur ein zu vollendeter Sachlichkeit fähiges Lebewesen. Schärfer gesagt: Nur ein solches Wesen ist «Träger» des Geistes, dessen prinzipieller Verkehr mit der Wirklichkeit außerhalb seiner wie mit sich selber sich im Verhältnis zum Tiere mit Einschluß seiner Intelligenz dynamisch geradezu *umgekehrt* hat.

Was ist diese «Umkehrung»?

Beim Tiere – ob hoch oder niedriger organisiert – geht jede Handlung, jede Reaktion, die es vollzieht, auch die «intelligente», aus von einer physiologischen Zuständlichkeit seines Nervensystems, der auf der psychischen Seite Instinkte, Triebimpulse und sinnliche Wahrnehmungen zugeordnet sind. Was für die Instinkte und Triebe nicht interessant ist, ist auch nicht gegeben, und was gegeben ist, ist dem Tier gegeben nur als *Widerstands*zentrum für sein Verlangen und sein Verabscheuen, d. h. für das Tier als biologisches Zentrum. Der Ausgang von der *physiologisch-psychischen Zuständlichkeit* ist also immer der erste Akt des Dramas eines *tierischen Verhaltens* zu seiner Umwelt. Die Umweltstruktur ist dabei der physiologischen und indirekt morphologischen Eigenart des Tieres, ist seiner Trieb- und Sinnesstruktur, die eine strenge funktionelle Einheit bilden, genau und vollständig «geschlossen» angemessen. Alles, was das Tier merken und fassen kann von seiner Umwelt, liegt in den sicheren Zäunen und *Grenzen seiner Umweltstruktur*. Der zweite Akt des Dramas des tierischen Verhaltens ist irgendeine Setzung realer Veränderung der Umwelt durch eine Reaktion des Tieres in Richtung auf sein leitendes Triebziel. Der dritte Akt ist die dadurch mitveränderte physiologisch-psychische

Zuständlichkeit. Der Verlauf des tierischen Verhaltens hat stets die Form:

$$T \rightleftarrows U$$

Ganz anders ein Wesen, das «*Geist*» hat. Ein solches ist – wenn und soweit es sich seines Geistes sozusagen auch bedient – eines Verhaltens fähig, das eine genau *entgegengesetzte* Verlaufsform besitzt. Der erste Akt dieses neuen Dramas, des menschlichen Dramas ist: Das Verhalten wird vom *puren Sosein* eines zum *Gegenstand* erhobenen Anschauungs- oder Vorstellungskomplexes «motiviert», und dies prinzipiell unabhängig von der physiologischen und psychischen Zuständlichkeit des menschlichen Organismus, unabhängig von seinen Triebimpulsen und der gerade in ihnen aufleuchtenden, stets modal (optisch oder akustisch usw.) bestimmten sinnlichen Außenseite der Umwelt. Der zweite Akt des Dramas ist *freie*, d. h. vom *Person*zentrum ausgehende Hemmung eines Triebimpulses, bzw. Enthemmung eines zuerst zurückgehaltenen Triebimpulses (und einer entsprechenden Reaktion). Der dritte Akt ist eine als selbstwertig und endgültig erlebte Veränderung der Gegenständlichkeit einer Sache. Die Form eines solchen Verhaltens ist die der «*Weltoffenheit*», der prinzipiellen Abschüttelung des Umweltbannes:

$$M \leftrightarrows W \rightarrow \rightarrow \cdots$$

Dieses Verhalten ist, wo es einmal konstitutionell vorhanden ist, seiner Natur nach unbegrenzt erweiterungsfähig – so weit eben, als die «Welt» vorhandener Sachen reicht.

Der Mensch ist das X, das sich in unbegrenztem Maße «weltoffen» verhalten kann. Menschwerdung ist Erhebung zur Weltoffenheit kraft des Geistes.

Das Tier hat keine «Gegenstände»: es lebt in seine Umwelt ekstatisch hinein, die es gleichsam wie eine Schnecke ihr Haus als Struktur überall hinträgt, wohin es geht – es vermag diese Umwelt nicht zum Gegenstand zu machen. Die eigenartige *Fern*stellung, diese Distanzierung der «Umwelt» zur «Welt» (bzw. zu einem Symbol der Welt), deren der Mensch fähig ist, vermag das Tier nicht zu vollziehen, nicht die Umwandlung der affekt- und triebumgrenzten «Widerstands»zentren zu «Gegenständen». *Gegenstand-Sein ist also die formalste Kategorie der logischen Seite des Geistes.* Ich möchte sagen, das Tier hängt zu wesentlich *an* und *in* der seinen organischen Zuständen entsprechenden Lebenswirklichkeit drin, um sie je «gegenständlich» zu fassen. Wohl lebt das Tier nicht mehr absolut ekstatisch in seine Umwelt hinein (wie der empfindungs-, vorstellungs- und bewußtlose Gefühlsdrang der Pflanze in ihr Medium hinein, ohne alle Rückmeldung der Eigenzustände des Organismus nach innen); es ist sich selbst durch die Trennung von Sensorium und Motorium und durch die stete Rückmeldung seiner jeweiligen sensuellen Inhalte gleichsam zurückgegeben: es besitzt ein «Leibschema». Der Umwelt gegenüber aber verhält sich das Tier immer noch ekstatisch – auch da noch, wo es sich «intelligent» verhält. Und seine Intelligenz bleibt organisch-triebhaft-praktisch gebunden.

Der geistige Akt, wie ihn der Mensch vollziehen kann, ist im Gegensatz zu der einfachen Rückmeldung des tierischen Leibschemas und seiner Inhalte wesensgebunden an eine zweite Dimension und Stufe des Reflexaktes. Wir wollen diesen Akt «Sammlung» nennen und ihn und sein Ziel, das Ziel dieses «Sichsammelns», zusammenfassend «Bewußtsein des geistigen Aktzentrums von sich selbst» oder «*Selbstbewußtsein*» nennen. Das Tier hat Bewußtsein, im Unterschied von der Pflanze, aber es hat kein Selbstbewußtsein, wie schon Leibniz gesehen hat. Es besitzt sich nicht, ist seiner nicht mächtig – und deshalb auch seiner nicht bewußt.

Sammlung, Selbstbewußtsein, und Gegenstandsfähigkeit des ursprünglichen Triebwiderstandes bilden *eine einzige unzerreißbare Struktur*, die als solche erst dem Menschen eigen ist.

Mit diesem Selbstbewußtwerden, dieser neuen Zurückbeugung und Zentrierung seiner Existenz, die der Geist möglich macht, ist auch das *zweite* Wesensmerkmal des Menschen gegeben. Kraft seines Geistes vermag das Wesen, das wir «Mensch» nennen, nicht nur die Umwelt in die Dimension des Weltseins zu erweitern und Widerstände gegenständlich zu machen, sondern es vermag auch – und das ist das Merkwürdigste – *seine eigene physiologische und psychische Beschaffenheit* und jedes einzelne psychische Erlebnis, jede einzelne seiner vitalen Funktionen selbst wieder *gegenständlich* zu machen. Nur darum vermag dieses Wesen auch sein Leben frei von sich zu werfen. Das Tier hört und sieht – aber ohne zu wissen, *daß* es hört und sieht. Die Psyche des Tieres funktioniert, lebt – aber das Tier ist kein möglicher Psychologe und Physiologe! Wir müssen an sehr seltene ekstatische Zustände des Menschen denken – bei abebbender Hypnose, bei Einnahme bestimmter Rauschgifte, bei gewissen, den Geist bewußt (d. h. schon mit Hilfe des Geistes) inaktivierenden Techniken z. B. orgiastischer Kulte aller Art –, um uns einigermaßen in den Normalzustand des Tieres hineinzuversetzen. Auch seine Triebimpulse erlebt das Tier nicht als *seine* Triebe, sondern als dynamische Züge und Abstoßungen, die von den *Dingen der Umwelt* selber ausgehen. Sogar der primitive Mensch, der in gewissen seelischen Eigenschaften dem Tiere noch nahe steht, sagt noch nicht «ich verabscheue dieses Ding», sondern «das Ding ist tabu». Für das tierische Bewußtsein gibt es *nur* diese von den Umweltgebilden ausgehenden Lockungen und Abstoßungen. Der Affe, der plötzlich hierhin, dann dorthin springt, lebt sozusagen in lauter punktuellen Ekstasen. (Pathologische Ideenflucht des Menschen.) Einen die Triebimpulse und ihren Wechsel überdauernden «Willen», der Kontinuität im Wandel seiner psychophysischen Zustände bewahren kann, hat das Tier nicht. Ein Tier kommt immer sozusagen woanders an, als es ursprünglich «will». Es ist tief und richtig, wenn Nietzsche sagt «Der Mensch ist das Tier, das *versprechen kann*».

Vier Wesensstufen sind es, in denen alles Seiende in Bezug auf sein Inne- und Selbstsein erscheint. *Anorganische* Gebilde haben ein solches Inne- und Selbstsein überhaupt nicht; sie haben kein Zentrum, das zu ihnen ontisch gehörte, daher auch kein Medium, keine Umwelt. Was wir in dieser Gegenstandswelt als Einheit bezeichnen, bis zu Molekülen, Atomen und Elektronen, ist ausschließlich abhängig von unserer Macht, die Körper realiter oder doch gedanklich zu zerteilen. Jede anorganische Körpereinheit ist es nur *relativ* auf eine bestimmte Gesetzlichkeit ihres Wirkens auf andere Körper. Die unräumlichen, aber die Erscheinung der Ausdehnung in der Zeit setzenden Kraftzentren, die wir den Körperbildern metaphysisch zugrunde zu legen haben, sind Zentren gegenseitig aufeinander wirkender Kräftepunkte, in denen die Kraftlinien eines Feldes zusammenlaufen. Ein Lebewesen dagegen ist stets ein *ontisches* Zentrum und bildet stets selbst «seine» raumzeitliche Einheit und Individualität; sie stammt nicht wie beim anorganischen Gebilde von Gnaden unserer selbst biologisch bedingten Zusammenfassung. Es ist ein X, das *sich selbst* begrenzt; es hat «Individualität» – es zerteilen heißt es vernichten, sein Wesen und Dasein aufheben. Dem Gefühlsdrang der *Pflanze* ist ein Zentrum zu eigen und ein Medium, in das, relativ in seinem Wachstum ungeschlossen, das pflanzliche Lebewesen hineingesetzt ist ohne Rückmeldung seiner verschiedenen Zustände an sein Zentrum; aber ein «Innesein» überhaupt und damit Beseeltheit besitzt die Pflanze. Im *Tiere* ist Empfindung und Bewußtsein und damit verbunden eine zentrale Rückmeldestelle der wechselnden Zustände seines Organismus und eine Modifizierbarkeit seines Zentrums durch diese Rückmeldung vorhanden: es ist sich schon ein zweites Mal gegeben. Der *Mensch* aber ist es kraft seines Geistes noch ein drittes Mal: im Selbstbewußtsein und in der Vergegenständlichung seiner psychischen Vorgänge und seines sensomotorischen Apparates. Die «Person» im Menschen muß dabei als das Zentrum gedacht werden, das über dem Gegensatz von Organismus und Umwelt erhaben ist.

Ist das nicht, als gäbe es eine Stufenleiter, auf der ein urseiendes Sein sich im Aufbau der Welt immer mehr auf sich selbst zurückbeugt, um auf immer höheren Stufen und in immer neuen Dimensionen sich seiner inne zu werden – um schließlich im Menschen sich selbst *ganz* zu haben und zu erfassen?

Aus dieser Seinsstruktur des Menschen – seiner Selbstgegebenheit, seiner Fähigkeit, seine Umwelt und sein ganzes psychisches und physisches Sein und beider Kausalrelation sich zum Gegenstande zu machen – lassen sich eine Reihe *menschlicher Besonderheiten* verständlich machen, von denen ich einige kurz anführe.

Nur der Mensch hat die vollausgeprägte konkrete *Ding- und Substanzkategorie*. Das Tier besitzt sie nicht. Eine Spinne, die lauernd in ihrem Netze in dessen Knotenpunkt sitzt, stürzt sich sofort auf die Mücke, die sich entfernt von ihr in das Netz verfängt und deren Anwesenheit sich ihr wahrscheinlich an einem Zug durch den *Tast*sinn verrät; bringt man aber die Mücke in eine Entfernung, die innerhalb des Reiches ihrer *Seh*weite liegt, so ergreift die Spinne sofort die Flucht (H. Volkelts Spinnenversuch): es ist ein *anderes* Wesen für sie, was sie sieht – und was sie tastet, und sie vermag Sehraum und Tast-Handlungsraum (kinästhetischen Raum) ebensowenig zu identifizieren wie die darin befindlichen Dinge. Auch die höchsten Tiere haben die Dingkategorie nicht vollständig. Ein Affe, dem man eine Banane halbgeschält in die Hand gibt, flieht vor ihr, während er sie ganz geschält frißt, ungeschält aber selber schält und dann frißt: das Ding «Banane» hat sich nicht für das Tier «verändert», es hat sich in ein *anderes* «verwandelt». Offenbar fehlt dem Tier ein Zentrum, von dem aus es die psychophysischen Funktionen seines Sehens, Hörens, Riechens, Greifens, Tastens und die sich in ihnen darstellenden Seh-, Hör-, Schmeck-, Geruchs- und Tastdinge auf *ein und dasselbe* konkrete Gegenstands-Ding, auf einen identischen Realitätskern zu beziehen vermöchte.

Der Mensch hat ferner von vornherein einen einigen *Raum*. Was z. B. der operierte Blindgeborene lernt, ist nicht eine Zusammensetzung ursprünglich geschiedener «Räume», wie Tastraum, Sehraum, Hörraum, kinästhetischer Raum, zu *einer* Raumanschauung, sondern nur die Identifizierung seiner Sinnesdaten als Symbole und Eigenschaften für das an *einem* Ort seiende *eine* Ding. Dem Tiere aber fehlt wiederum die zentrale Funktion, die einen einigen Raum als eine feste *Form vor* den einzelnen

Dingen und ihrer Wahrnehmung gibt. Vor allem aber: es fehlt jene besondere Art von Selbstzentriertheit, die alle Sinnesdaten mit ihren zugehörigen Triebimpulsen zusammenfaßt und sie auf *eine* substanzartig geordnete «*Welt*» bezieht. Dem Tiere fehlt eben, wie ich eingehend andernorts * nachgewiesen habe, ein eigentlicher «*Weltraum*», der unabhängig von des Tieres eigenen Ortsbewegungen als stabiler Hintergrund verharrte. Es fehlen ihm ebenso die «*Leerformen*» *von Raum und Zeit*, in die hineingesetzt der Mensch die Dinge und Ereignisse primär auffaßt. Sie sind nur einem (geistigen) Wesen möglich, dessen *Triebunbefriedigung stets überschüssig* ist über seine Befriedigung. «Leer» nennen wir ursprünglich das Unerfülltbleiben unserer triebhaften Erwartung – die erste «Leere» ist gleichsam die Leere unseres Herzens.

Die Wurzel der allen äußeren Sensationen *vorher*gehenden menschlichen Raum- und Zeitanschauung liegt in der organischen spontanen Bewegungs- und Tunsmöglichkeit in einer bestimmten Ordnung. Die Tatsache, daß, wie man an bestimmten Ausfallerscheinungen nachweisen konnte, der Tastraum dem optischen Raum nicht direkt zugeordnet ist, sondern die Zuordnung nur durch die Vermittlung der kinästhetischen Empfindungen erfolgt, weist auch darauf hin, daß die Leerform des Raumes wenigstens als noch ungeformte «Räumlichkeit» im Menschen schon *vor* dem Bewußtwerden irgendwelcher Sensationen erlebt wird auf Grund der erlebten *Bewegungs*antriebe und des Könnenserlebnisses, sie hervorzubringen (denn es sind ja jene Bewegungsantriebe, die an erster Stelle die kinästhetischen Empfindungen zur Folge haben). Dieser primitive Bewegungsraum, das «Herumbewußtsein», bleibt auch noch bestehen, wenn der optische Raum, in dem allein die stetige gleichzeitige Mannigfaltigkeit «Ausdehnung» gegeben ist, vollständig abgebaut wird. Im Übergang vom Tier zum Menschen finden wir also eine vollständige *Umkehrung* von «leer» und «voll», und zwar sowohl der Zeit als dem Raume nach. Obgleich die höheren Tiere raumartige Mannigfaltigkeiten besitzen (die primitivsten haben wohl nur zeitliche Eindrücke), sind diese doch nicht homogen, d.h. so, daß die Orte als vorgegebenes Stellensystem in der optischen Sphäre fix bleiben und sich von den erfüllenden Qualitäten und Bewegungen der Umweltgebilde scharf loslösen. Nur die höchste Optik des Menschen (aufrechter Gang!) besitzt dies System; er kann es aber in pathologischen Fällen verlieren, sodaß nur der sozusagen «Urraum», das «Herumerlebnis» übrig bleibt. Das Tier vermag die Leerformen des Raumes und der Zeit so wenig von bestimmten Inhaltlichkeiten der Umweltdinge loszulösen wie die «Zahl» von einer als größer oder kleiner in den Dingen selbst liegenden «Anzahl». Es lebt ganz in die *konkrete* Wirklichkeit seiner jeweiligen Gegenwart hinein. Erst wenn – im Menschen – die in Bewegungsimpulse sich umsetzenden Trieb*erwartungen* das *Übergewicht* haben über all das, was faktische Trieberfüllung in einer Wahrnehmung oder Empfindung ist, findet das überaus seltsame Phänomen statt, daß die räumliche «Leere», und analog die zeitliche, allen möglichen Inhalten der Wahrnehmungen und der gesamten Dingwelt als *vorher*gehend, als «zu Grunde liegend» erscheint. So blickt der Mensch, ohne es zu ahnen, seine eigene Herzensleere als eine «unendliche Leere» des Raumes und der Zeit an, als ob diese auch bestünden, wenn es gar keine Dinge gäbe! Erst sehr spät korrigiert die Wissenschaft diese ungeheure Täuschung der natürlichen Weltanschauung, in dem sie lehrt, daß Raum und Zeit nur Ordnungen, nur Lage- und Sukzessionsmöglichkeiten der *Dinge* sind und außer und unabhängig von diesen keinen Bestand haben.

Auch den «*Welt*raum», sagte ich, hat das Tier konstitutiv nicht. Ein Hund mag jahrelang in einem Garten leben und an jeder Stelle des Gartens schon häufig gewesen sein – er wird sich niemals ein Gesamtbild des Gartens und der von seiner Körperlage unabhängigen Anordnung der Bäume, Sträucher usw. machen können, wie klein und groß der Garten auch sei. Er hat nur *mit* seinen Bewegungen wechselnde «Umwelträume», die er nicht auf den ganzen, von seiner Körperstellung unabhängigen Gartenraum zu koordinieren vermag. Der Grund ist eben der, daß das Tier seinen eigenen Leib und dessen Bewegungen nicht zum Gegenstand zu machen imstande ist, so daß er seine eigene Körperlage als veränderliches Moment in seine Raumanschauung einbeziehen könnte und mit dem Zufalle seiner Stellung gleichsam instinktiv so zu rechnen lernte, wie es der Mensch auch *ohne* Wissenschaft vermag. Diese Leistung des Menschen ist nur der Anfang dessen, was er in der Wissenschaft fortsetzt. Denn das ist das Große der menschlichen Wissenschaft, daß der Mensch in ihr mit seiner Zufallsstellung im Universum, mit sich selbst und seinem ganzen physischen und psychischen Apparat gleichwie mit einem fremden Dinge, das in strengen Kausalverknüpfungen zu anderen Dingen steht, immer umfassender *zu rechnen lernt* und damit langsam ein Bild der Welt selbst zu gewinnen weiß, das und dessen Gegenstände und deren Gesetze von seiner psychophysischen Organisation, seinen menschlichen Sinnen und deren Schwellen, seinen Bedürfnissen und deren Interessen an den Dingen ganz und gar *unabhängig* sind – die also im Wechsel all seiner Stellungen im Universum, seiner Zustände, Artorganisationen und Sinneserlebnisse konstant bleiben.

Der Mensch allein – sofern er Person ist – vermag sich über sich – als Lebewesen – *emporzuschwingen* und von einem Zentrum gleichsam *jenseits* der raumzeitlichen Welt aus *alles*, darunter auch sich selbst, zum Gegenstande seiner Erkenntnis zu machen. So ist der Mensch als Geistwesen das sich selber als Lebewesen und der Welt überlegene Wesen. Als solches ist er auch der Ironie und des Humors fähig, die stets eine Erhebung über das eigene Dasein einschließen.

Das Zentrum aber, von dem aus der Mensch die Akte vollzieht, durch welche er seinen Leib und seine Psyche vergegenständlicht, die Welt in ihrer räumlichen und zeitlichen Fülle gegenständlich macht – es kann nicht selbst ein «Teil» eben dieser Welt sein, kann also auch kein bestimmtes Irgendwo und Irgendwann besitzen: es kann nur im *obersten Seinsgrunde* selbst gelegen sein.

Schon Kant hat in seiner tiefen Lehre von der transzendentalen Apperzeption jene neue Einheit des cogitare, die «Bedingung ist aller möglichen Erfahrung und darum auch aller Gegenstände der Erfahrung» – nicht nur der äußeren, sondern auch jener inneren Erfahrung, durch die uns unser eigenes Innenleben zugänglich wird –, im wesentlichen klargestellt. Er hat damit zuerst den «Geist» über die «Psyche» erhoben und ausdrücklich geleugnet, daß der Geist nur eine Funktionsgruppe einer sog. «Seelensubstanz» sei – die nur unberechtigter *Verdinglichung* der *aktualen* Einheit des Geistes ihre fiktive Annahme verdanke.

Damit haben wir eine *dritte* wichtige Bestimmung des Geistes bezeichnet: Der Geist ist das einzige Sein, das selbst *gegenstandsunfähig* ist – er ist reine, *pure Aktualität*, hat sein Sein nur *im freien Vollzug seiner Akte*. Das Zentrum des Geistes, die «Person», ist also weder gegenständliches noch dingliches Sein, sondern nur ein stetig selbst sich vollziehendes (*wesen*haft bestimmtes) *Ordnungsgefüge von Akten*. Die Person ist nur *in* ihren Akten und *durch* sie*. Seelisches vollzieht «sich selbst» *nicht:* es ist eine Ereignisreihe «in» der Zeit, der wir eben aus dem Zentrum unseres Geistes heraus noch prinzipiell zuzuschauen vermögen, die wir in der inneren Wahrnehmung und Beobachtung noch gegenständlich machen können. Alles Seelische ist gegenstandsfähig – nicht aber der Geistesakt, die Intentio, das die seelischen Vorgänge selbst noch Schauende. Zum Sein unserer Person können wir uns nur *sammeln*, zu ihm hin uns konzentrieren – nicht aber es objektivieren. Auch fremde Personen sind als Personen nicht gegenstandsfähig. (In diesem Sinne sagt Goethe von Lili, er habe «sie zu sehr geliebt», als daß er sie habe «beobachten» können). Nur dadurch können wir an ihnen wissenden Anteil gewinnen, daß wir ihre freien Akte *nach- und mit*vollziehen durch das, was ein armes Wort «Gefolgschaft» nennt, oder durch jenes nur durch die Haltung der geistigen *Liebe* mögliche «Verstehen», das äußerstes Gegenteil aller Vergegenständlichung ist, uns mit dem Wollen, der Liebe einer Person – und dadurch mit ihr selbst – wie wir zu sagen pflegen, «identifizieren».*

Auch an den Akten jenes einen *übersingulären Geistes* – den wir auf Grund des unverbrüchlichen Wesenszusammenhanges von Akt und Idee anzunehmen haben, wenn wir überhaupt eine in dieser Welt sich realisierende Ideenordnung unabhängig vom menschlichen Bewußtsein annehmen und dem Urseienden selbst als eines seiner Attribute zuschreiben – können wir nur durch *Mitvollzug* Teil gewinnen: an einer Wesensordnung, soweit es sich um den erkennenden Geist, an einer objektiven Wertordnung, soweit es sich um den liebenden Geist, an einer Zielordnung des Weltprozesses, soweit es sich um den Geist als wollenden handelt. Die ältere, seit Augustinus herrschende Ideenphilosophie hatte «ideae ante res» angenommen, eine «Vorsehung» und einen Plan der Weltschöpfung schon vor dem Wirklichsein der Welt. Aber die Ideen sind nicht «vor», nicht «in» und nicht «nach» den Dingen, sondern «*mit*» ihnen und werden nur im Akte der stetigen Weltrealisierung (creatio continua) im ewigen Geiste erzeugt. Darum ist auch unser Mitvollzug dieser Akte nicht ein bloßes Auffinden oder Entdecken eines von uns unabhängig Seienden und Wesenden, sondern ein wahres *Mit*hervorbringen, ein Miterzeugen der dem ewigen Logos und der ewigen Liebe und dem ewigen Willen zugeordneten Wesenheiten, Ideen, Werte und Ziele aus dem Zentrum und *Ursprung* der Dinge selbst heraus.

*

Wollen wir uns die Besonderheit, die Eigenartigkeit dessen, was wir «Geist» nennen, noch im einzelnen klarer machen, so knüpfen wir am besten an einen spezifisch geistigen Akt an, den *Akt der Ideierung*. Es ist ein von aller technischen Intelligenz, allem mittelbaren, schlußfolgernden «Denken», dessen erste Anfänge wir schon dem Tiere zuwiesen, völlig verschiedener Akt. Ein Problem der Intelligenz wäre beispielsweise folgendes: Ich habe jetzt hier Schmerz im Arm – wie ist er entstanden, wie kann er beseitigt werden? Das festzustellen wäre eine Aufgabe der positiven Wissenschaft, der Physiologie, der Psychologie, der Medizin. Ich kann aber denselben

Schmerz in einer distanteren, besinnlichen, kontemplativen Haltung zu diesem selben Erlebnis auch als «*Beispiel*» fassen für den höchst seltsamen und höchst verwunderlichen *Wesens*verhalt, daß diese Welt *überhaupt* schmerz-, übel- und leidbefleckt ist; dann werde ich anders fragen: Was ist denn eigentlich «der *Schmerz selbst*» abgesehen davon, daß ich ihn jetzt hier habe – und wie muß der Grund der Dinge beschaffen sein, daß so etwas wie «Schmerz überhaupt» möglich ist?

Ein großartiges Beispiel für solch einen ideierenden Akt gibt die bekannte Bekehrungsgeschichte Buddhas: Der Prinz sieht *einen* Armen, *einen* Kranken, *einen* Toten, nachdem er im Palaste des Vaters jahrelang allen negativen Eindrücken ferngehalten ward; er erfaßt aber jene drei zufälligen «jetzt-hier-so-seienden» Tatsachen sofort als bloße Beispiele für eine an ihnen erfaßbare *essentielle* Weltbeschaffenheit. Descartes suchte sich die essentia des Körpers und seinen Wesensaufbau an einem Stück Wachs klar zu machen – das ist eine andere Frage, als wenn z.B. ein Chemiker einen bestimmten Körper auf seine Bestandteile hin untersucht. Eindringliche Beispiele für Fragen essentieller Art bietet die gesamte Mathematik. Das Tier hat vage Mengenvorstellungen, die aber ganz an den wahrgenommenen Dingen, ihrer Gestalt, Gruppierung etc. haften bleiben. Der Mensch erst vermag die Dreiheit als «Anzahl» von drei Dingen von diesen Dingen loszulösen und mit der «Zahl» 3 als einem selbständigen Gegenstand nach dem inneren Erzeugungsgesetz der Reihe solcher Gegenstände zu operieren. Was so die Mathematik findet an Sätzen über die Beziehungen der unsinnlichen Mannigfaltigkeiten, die sie untersucht, das ist – wenn heute nicht, so morgen – seltsamerweise der strengsten Anwendung fähig auf alle realen Dinge, die in der (in Axiomen definierten) Mannigfaltigkeit stehen.

Das alles sind Fragen, wie sie der Geist als solcher stellt – nicht die schlußfolgernde Intelligenz, die nur Mittel geben kann, sie zu lösen. Nichts dergleichen vermag das Tier.

Ideieren heißt also, unabhängig von der Größe und Zahl der Beobachtungen, die wir machen, und von induktiven Schlußfolgerungen, wie sie die Intelligenz anstellt, die *essentiellen* Beschaffenheiten und Aufbauformen der Welt an je *einem* Beispiel der betreffenden Wesensregion miterfassen. Das Wissen aber, das wir so gewinnen, gilt, obschon an einem Beispiel gewonnen, in unendlicher Allgemeinheit von *allen möglichen* Dingen, die dieses Wesens sind, und, ganz unabhängig von unseren menschlichen Zufallssinnen und der Art und dem Maße ihrer Erregbarkeit, für alle möglichen geistigen Subjekte, die über dasselbe Material denken[1]. Einsichten, die wir so gewinnen, gelten also *hinaus* über die Grenzen unserer sinnlichen Erfahrungen; sie gelten nicht nur für diese wirklich daseiende Welt, sondern für alle möglichen Welten. Wir nennen sie in der Schulsprache «*a priori*».

Zwei sehr verschiedene Funktionen erfüllen solche Wesenserkenntnisse. Für die positiven *Wissenschaften*, deren Feld durch die Prüfbarkeit ihrer reduzierten Sätze vermittels Beobachtung und Messung streng umgrenzt ist, bilden sie die obersten Voraussetzungen, die *Axiome*, die in den Grenzen der allgemeinsten Gegenstandslogik für alle Gebiete je besondere Gruppen ausmachen und die Richtung einer fruchtbaren Beobachtung, Induktion und Deduktion durch Intelligenz und diskursives Denken allererst weisen. Für die philosophische *Metaphysik* aber, deren Endziel die Erkenntnis des absolut seienden Seins ist, bilden die Wesenserkenntnisse die «Fenster ins Absolute», wie Hegel treffend und bildhaft sagt. Denn jedes echte Wesen, das die Vernunft in der Welt findet, kann weder selbst noch kann das Dasein von «etwas» solchen Wesens auf empirische Ursachen endlicher Art zurückgeführt werden. Es kann nur, soweit es Wesen ist, dem einen übersingulären Geiste als dem Attribut des übersingulären seienden Ens a se zugeschrieben werden, und alles Dasein eines solchen Wesens überhaupt als eine Setzung des ewigen Dranges als seines zweiten Attributs aufgefaßt werden.

[1] Der Mensch besitzt also sehr wohl jenen «intellectus archetypus», den Kant, der ihn nur als «Grenzbegriff» anerkannte, ihm bestritt – Goethe aber ihm ausdrücklich zubilligte.

Diese Fähigkeit *der Trennung von Wesen und Dasein* macht das *Grund*merkmal des menschlichen Geistes aus, das alle anderen Merkmale erst *fundiert*. Nicht daß er Wissen hat, ist dem Menschen wesentlich, wie schon Leibniz sagte, sondern daß er Apriori-Wissen hat oder es zu erwerben fähig ist. Eine «konstante» Vernunftorganisation, wie sie Kant angenommen hat, gibt es dabei keineswegs; sie unterliegt vielmehr prinzipiell dem geschichtlichen Wandel. Nur die Vernunft *selbst* als Anlage und Fähigkeit, durch Funktionalisierung neuer Wesenseinsichten – welche führende Pioniere der Menschheit an den erfahrbaren Tatsachen finden und die von der Menge nach- und mitvollzogen werden – auch immer neue Denk- und Anschauungs-, Liebens- und Wertungs*formen* zu bilden und zu gestalten, ist konstant.

Wollen wir von hier aus tiefer in das Wesen des Menschen dringen, so haben wir uns das *Gefüge der Akte* vorzustellen, die zum Akt der Ideierung *führen*. Bewußt oder unbewußt vollzieht der Mensch dabei eine Technik, die man als (versuchsweise) *Aufhebung des Wirklichkeitscharakters* der Dinge, der Welt bezeichnen kann. In diesem Versuch, in dieser Technik der Wesenserfassung schält sich der Logos der Wesenheiten aus der konkreten, sinnfälligen Dingwelt – sofern sie schon «Gegenstand» geworden – heraus. Das Tier, wir sahen es, lebt ganz im Konkreten und in der Wirklichkeit. Mit aller Wirklichkeit ist jenachdem eine Stelle im Raum und eine Stelle in der Zeit, ein Jetzt und Hier, ferner ein zufälliges Sosein verbunden, wie es die sinnliche Wahrnehmung je von einem «Aspekt» aus gibt.

Mensch sein heißt: dieser Art Wirklichkeit ein kräftiges «*Nein*» entgegenschleudern. Das hat Buddha gewußt, wenn er sagt, «herrlich sei es, jedes Ding zu schauen, furchtbar es zu sein», und eine Technik der Entwirklichung der Welt und des Selbst entwickelte. Das hat Platon gewußt, wenn er die Ideenschau an eine Abwendung der Seele von dem sinnlichen Gehalt der Dinge knüpft und an eine Einkehr der Seele in sich selbst, um hier die «Ursprünge» der Dinge zu finden. Und nichts anderes meint auch Edmund Husserl, wenn er die Ideenerkenntnis an eine «*phänomenologische Reduktion*», d. h. eine «Durchstreichung» oder eine «Einklammerung» des zufälligen Daseinskoeffizienten der Weltdinge knüpft, um ihre «essentia» zu gewinnen. Freilich kann ich der Theorie dieser Reduktion bei Husserl im einzelnen nicht zustimmen, wohl aber zugeben, daß in ihr der Akt gemeint ist, der den menschlichen Geist recht eigentlich definiert.

Will man wissen, wie dieser Akt der Reduktion erfolgt, so muß man zunächst wissen, worin unser *Wirklichkeitserlebnis* eigentlich besteht. Es gibt für den Wirklichkeitseindruck nicht eine besondere angebbare Sensation (hart, fest, etc.). Auch die Wahrnehmung, die Erinnerung, das Denken und alle möglichen perzeptiven Akte vermögen uns diesen Eindruck nicht zu verschaffen: was sie geben, ist immer nur das (zufällige) *So*sein der Dinge, niemals ihr *Da*sein. Was uns das Dasein (= Wirklichsein) gibt, das ist vielmehr das Erlebnis des *Widerstandes* der schon erschlossenen Weltsphäre – und diesen Widerstand gibt es nur für unser strebendes, für unser *triebhaftes* Leben, für unseren zentralen Lebensdrang *. (vgl S. 17) Nicht ein Schluß führt etwa zur Realsetzung der Außenwelt (die als Sphäre z. B. auch im Traume besteht), nicht der anschauliche Gehalt der Wahrnehmung (wie die «Formen», «Gestalten») gibt uns das Realitätserlebnis, nicht die Gegenständlichkeit (die ja auch Phantasiertes hat), nicht die fixe Stelle im Raume in der Bewegung der Aufmerksamkeit usw., – sondern der *erlebte Widerstandseindruck* gegen die unterste, primitivste, wie wir sahen, selbst der Pflanze noch zukommende Stufe des seelischen Lebens, den «Gefühlsdrang», gegen unser nach allen Richtungen ausgreifendes, immer, auch im Schlafe und in den letzten Stufen der Bewußtlosigkeit noch tätiges Triebzentrum. In der streng geregelten Ordnung seiner Bestandteile (Farbe, Gestalt, Ausdehnung etc.), in der sich, sowohl objektiv wie bei seiner Wahrnehmung für uns, irgendein körperliches Ding aufbaut – eine Ordnung, die wir z. B. beim pathologischen Abbau der Wahrnehmungsfähigkeit studieren können –, ist keines ursprünglicher als die Realität bzw. das erlebte Realitätsmoment. Lasset für ein Bewußtsein alle Farben und sinnlichen Materien verbleichen, alle Gestalten und Beziehungen zergehen, alle dinglichen Einheitsformen verschweben – das, was schließlich gleichsam nackt und von jeder Art der Beschaffenheit frei und ledig noch bleiben wird, das ist der machtvolle Eindruck der Realität, der *Wirklichkeits*eindruck der Welt.

Das ursprüngliche Wirklichkeitserlebnis als Erlebnis des Widerstandes der Welt geht also allem Be-wußtsein, geht aller Vor-stellung, aller Wahr-nehmung *vorher*. Auch die aufdringlichste sinnliche Wahrnehmung ist niemals bloß bedingt durch den Reiz und den normalen Vorgang im Nervensystem: eine triebhafte Zuwendung, sei es Verlangen oder Abscheu, muß gleichfalls vorhanden sein, wenn es auch nur zur einfachsten Empfindung kommen soll. Da also ein Impuls unseres Lebens dranges die unumgängliche Mitbedingung ist für alle möglichen Empfindungen und Wahrnehmungen, können die Widerstände, welche die den Körperbildern der Umwelt zugrundeliegenden Kraftzentren und -felder – die «Sinnesbilder» selbst sind ja gänzlich *un*wirksam – auf unseren Lebensdrang ausüben, bereits an einer Stelle des zeitlichen Prozesses einer werdenden möglichen Wahrnehmung erlebt werden, wo es zu einer bewußten «Bild»wahrnehmung noch nicht gekommen ist. Das Realitätserlebnis ist also all unserer «Vorstellung» der Welt nicht nach-, sondern *vor*gegeben.

Was also heißt dann dieses «Nein», von dem ich sprach? Was heißt es, die Welt «*ent*wirklichen» oder die Welt «*ideieren*»? Es heißt *nicht*, wie Husserl meint, das (schon in jeder natürlichen Wahrnehmung liegende) Existenz*urteil* zurückhalten; das Urteil: «A ist real» fordert ja in seinem Prädikat selbst eine *Erlebnis*füllung, wenn «real» nicht ein leeres Wort sein soll. Es heißt vielmehr, das *Realitätsmoment selbst* versuchsweise (für uns) *aufheben*, jenen ganzen, ungeteilten machtvollen Realitätseindruck mit seinem affektiven Korrelat annihilieren – heißt, jene «Angst des Irdischen» beseitigen, die, wie Schiller sagt, «dahin» nur ist «in jenen Regionen, wo die reinen Formen wohnen». Denn alle Wirklichkeit, schon weil sie Wirklichkeit ist, und ganz gleichgültig, was sie ist, ist für jedes lebendige Wesen zunächst ein hemmender, beengender Druck und die «reine» Angst (ohne jedes Objekt) ihr Korrelat. Dieser im Grunde *asketische Akt* der Entwirklichung kann, wenn Dasein «Widerstand» ist, nur in der Aufhebung, in der Außerkraftsetzung eben jenes *Lebensdranges* bestehen, im Verhältnis zu dem die Welt vor allem als Widerstand erscheint, und der zugleich die Bedingung ist aller sinnlichen Wahrnehmung des zufälligen Jetzt-Hier-So. Darum, weil Triebe und Sinne zusammengehören, meint Platon, es sei Philosophieren ein «ewiges Ersterben» – und darum ist jeder ausgeprägte Rationalismus letzten Endes auf das «asketische Ideal» gegründet.

Diesen Akt der Entwirklichung aber kann nur eben jenes Sein vollziehen, das wir «*Geist*» nennen. Nur der Geist in seiner Form als reiner «Wille» kann durch einen Willensakt – und das heißt: *Hemmungsakt* – die Inaktualisierung jenes Gefühlsdrangzentrums bewirken, das wir als den Zugang zum Wirklichsein des Wirklichen erkannten.

Der Mensch ist das Lebewesen, das kraft seines Geistes sich zu seinem Leben, das heftig es durchschauert, prinzipiell *asketisch* – die eigenen Triebimpulse unterdrückend und verdrängend, d.h. ihnen Nahrung durch Wahrnehmungsbilder und Vorstellungen *versagend* – verhalten kann. Mit dem Tiere verglichen, das immer «Ja» zum Wirklichsein sagt – auch da noch, wo es verabscheut und flieht –, ist *der Mensch der «Neinsagenkönner»*, der «*Asket des Lebens*», der ewige Protestant gegen alle bloße Wirklichkeit. Das ist ganz unabhängig von Weltanschauungs- und Wertfragen; ob man (etwa im Sinne Buddhas, der auf alle Fälle diese Frage wie kaum ein anderer tief beantwortet hat) diesen Aufschwung des Geistes zur unwirklichen Sphäre der Essenzen als Endgültigkeitsziel sucht, weil man Realität selbst schon als Übel wertet («omne ens est malum»), oder ob man aus der Sphäre der Essenzen – wie ich es für recht halte – immer wieder zurück zur Wirklichkeit und ihrem Jetzt-Hier-Sosein zu kehren sucht, um sie besser zu machen (Dasein zunächst indifferent nehmend gegenüber gut und schlecht) und in dieser ewigen Rhythmik zwischen Idee-Realität, Geist-Drang – in dem *Ausgleich* ihrer immerwährenden Spannung – das wahre Leben und die wahre *Bestimmung des Menschen* sieht.

Auf alle Fälle ist der Mensch – im Verhältnis zum Tiere, dessen Dasein das verkörperte Philisterium ist – der ewige «Faust», die bestia cupidissima rerum novarum, nie sich beruhigend mit der ihn umringenden Wirklichkeit, immer begierig, die Schranken seines Jetzt-Hier-So-seins zu durchbrechen, immer strebend, die Wirklichkeit, die ihn umgibt, zu *transzendieren* – darunter auch seine eigene jeweilige Selbstwirklichkeit. In diesem Sinne sieht auch Sigmund Freud im Menschen den «Triebverdränger»[1]. Und nur weil er das ist, – durch dieses nicht gelegentliche, sondern *konstitutionelle* «Nein» zum Triebe – kann der Mensch seine Wahrnehmungswelt durch ein ideelles Gedankenreich überbauen, andererseits eben hierdurch seinem ihm einwohnenden Geiste die in den verdrängten Trieben schlummernde Energie steigend zuführen. D. h. der Mensch kann seine Triebenergie zu geistiger Tätigkeit «*sublimieren*».

*

Hier aber erhebt sich wiederum eine entscheidende Frage: *Entspringt* durch diese Askese, Verdrängung, Sublimierung, erst der Geist[1], *oder* erhält er durch sie nur seine *Energie?* Ist diese innere Technik – wenngleich durch das «non fiat» des triebhemmenden Wollens selbst schon bedingt – nur eine Dispositionsschaffung für die Manifestation des Geistes im Menschen, oder aber entspringt der Geist seinem Wesen, seinen Prinzipien und seinen Gesetzen nach erst durch diese Art Verdrängung, Sublimierung?

Nach meiner Überzeugung ist durch jene negative Tätigkeit, jenes «Nein» zur Wirklichkeit, jene Abstellung, Inaktivierung, der Wirklichkeit und Bild gebenden Triebzentren *keineswegs das Sein des Geistes*, sondern nur gleichsam seine

[1] Vgl. «Jenseits des Lustprinzips».

Belieferung mit Energie und damit seine *Manifestationsfähigkeit* bedingt. Der Geist ist, wie wir bereits sagten, in letzter Linie ein Attribut des Seienden selbst, das im Menschen manifest wird *in* der Konzentrationseinheit der sich zu sich «sammelnden» Person. Aber als solcher ist der Geist in seiner «reinen» Form *ursprünglich schlechthin ohne alle «Macht», «Kraft», «Tätigkeit»*. Um irgendeinen noch so kleinen Grad von Kraft und Tätigkeit zu gewinnen, muß jene *Askese*, jene Triebverdrängung und gleichzeitige *Sublimierung hinzukommen.*

Von hier aus gewinnen wir Einsicht in *zwei* Möglichkeiten der Auffassung des Geistes, die in der Geschichte der Menschidee eine fundamentale Rolle spielen. Die erste dieser Theorien, die die Griechen ausgebildet haben, spricht dem Geiste selbst nicht nur eine eigentümliche Wesenheit und Autonomie, sondern auch Kraft und Tätigkeit (νοῦς ποιητικός), ja das Höchstmaß von Macht und Kraft zu – wir nennen sie die *«klassische Theorie»* vom Menschen. Sie ist Bestandteil einer Gesamtweltanschauung, die behauptet, daß das von vornherein bestehende und durch den Werdeprozeß der Geschichte unveränderliche Sein der Welt (Kosmos) so gebaut sei, daß die je höheren Formen des Seins von der Gottheit bis zur materia bruta auch die je mächtigeren, kraftvolleren, also die kausierenden Seinsweisen sind. Der Höhepunkt einer solchen Welt ist der geistige und allmächtige, der eben *durch* seinen Geist auch allmächtige Gott. Die zweite entgegengesetzte Lehre, die wir die *«negative Theorie»* des Menschen nennen, vertritt umgekehrt die Meinung, daß der Geist selbst – soweit dieser Begriff dann überhaupt zugelassen wird –, daß zum mindesten alle «kulturerzeugenden» Tätigkeiten des Menschen, alle logischen, moralischen, ästhetisch-schauenden und künstlerisch-bildenden Akte, ausschließlich durch jenes «Nein» erst *erstehen.*

Beide Theorien weise ich zurück. Ich behaupte, daß der Geist zwar eigenes Wesen und Gesetzlichkeit hat, aber keinerlei ursprüngliche Eigenenergie; daß zwar durch jenen negativen Akt des (selbst schon geistigen) triebhemmenden Wollens die *Energisierung* des von Hause aus ohnmächtigen, nur in einer Gruppe von reinen «Intentionen» bestehenden Geistes erfolge – nicht aber hierdurch der Geist allererst «entspringe».

Für die *negative Theorie des Menschen* nenne ich einige (in sich allerdings recht verschiedenartige) Beispiele: Buddhas Erlösungslehre, Schopenhauers Lehre von der «Selbstnegation des Willens zum Leben», ferner das beachtenswerte Buch von Paul Alsberg «Das Menschheitsrätsel», endlich auch die Spätlehre Sigmund Freuds, besonders in «Jenseits des Lustprinzips».

Für Buddha, der mit unvergleichlicher Tiefe erkannte, daß Wirklichkeitsgegebenheit Leiden am Widerstande ist, endet der Sinn des menschlichen Daseins in der Erlöschung seiner als Begierdesubjekt bzw. in der Erwirkung einer nur noch geschauten Wesenswelt, d.h. der Nichtsheit, oder mythologisch ausgedrückt: des «Nirwana». Eine positive Idee des Geistes besitzt Buddha nicht, weder im Menschen noch im Weltgrunde. Nur eine Technik der Erkenntnis und des leidenüberwindenden «heiligen Wissens» und die kausale Ordnung, in der, bei Ausübung der Technik der Entwirklichung, durch innere Aufhebung der Begier, dessen, was er den «Durst» nennt, die sinnliche Wirklichkeitswelt und die Leib- und Seelenvorgänge dahinschwinden – die sinnlichen Qualitäten, die Gestalten, die Relationen, Räumlichkeit und Zeitlichkeit des Seins Stück für Stück wegfallen –, hat er tiefsinnig erkannt *.

Schopenhauer sieht das Wesensmerkmal der Verschiedenheit von Tier und Mensch ausschließlich darin, daß das Tier jene «erlösende» Negation des Willens zum Leben nicht zu vollziehen vermag, die der Mensch in seinen höchsten Exemplaren vollziehen kann, – jene Negation, die Schopenhauer wie seinem Lehrer Bouterwek der Quell ist aller «höheren Formen» des Bewußtseins und Wissens in Metaphysik, Kunst, Mitleidsethos.

Alsberg, ein Schüler Schopenhauers, erkennt sehr richtig, daß weder ein morphologisches noch ein physiologisches noch ein empirisch-psychologisches Merkmal die allgemeine Überzeugung der Kulturwelt von einem Wesensunterschied von Mensch und Tier rechtfertigen kann. Er hat Schopenhauers Lehre zu der These erweitert, das «Prinzip der Menschlichkeit» liege ausschließlich darin, daß der Mensch seine *Organe* aus dem Lebenskampf der Individual- und Arterhaltung «auszuschalten» gewußt habe zu Gunsten des Werkzeugs, der Sprache, der Begriffsbildung, welch letztere er auf die Ausschaltung der Sinnesorgane und -funktionen und auf das Machsche Prinzip einer möglichsten «Ersparnis» sinnlicher Inhalte zurückführt. Ausdrücklich weist Alsberg es ab, den Menschen durch Geist und Vernunft erst zu definieren. Die Vernunft, die er fälschlich – wie sein Lehrer Schopenhauer – nur als diskursives Denken, insbesondere als Begriffsbildung kennt, ist ihm eine *Folge* der Sprache, nicht ihre Wurzel; die Sprache selbst sieht er als «immaterielles Werkzeug» zwecks Ausschaltung der Arbeit der Sinnesorgane an. Als Grund für die Entstehung dieses «Prinzips der Menschlichkeit», diese Tendenz des Lebens, seine Organe auszuschalten und «Werkzeuge» und «Zeichen» an die Stelle der lebendigen Organfunktionen zu setzen, damit auch als Grund der steigenden «Vergehirnlichung» des Menschen im morphologischen und physiologischen Sinne, sieht Alsberg die besonders *mangelhafte* Organanpassung des Menschen an seine Umwelt an: Mangel an Greiffuß, Kletterfuß, Klauen, Eckzähnen, Haarkleid usw., d.h. den Mangel an jenen spezifischen Organanpassungen, die seine nächsten Anverwandten, die Menschenaffen, besitzen. Das, was man «Geist» nennt, ist also für Alsberg nur ein spät entstandenes *Surrogat* für mangelnde Organanpassung – man könnte im Sinne Alfred Adlers, der auf diese Weise gewisse Hochbegabungen des Menschen erklärt, sagen: eine Überkompensation konstitutioneller Organminderwertigkeit der Menschenart.

Auch die Spätlehre Freuds gehört, wie ich sagte, in den Kreis der negativen Theorie des Menschen. Die Worte «Trieb- und Affektverdrängung» hatte sogar schon Schopenhauer ausdrücklich gebraucht, um, wie er sich ausdrückt, bestimmte «Wahnformen» zu erklären. Es ist bekannt, wie großartig

Freud diesen Gedanken für die Entstehung der Neurose ausgebaut hat. Aber nach Freud sollen diese selben Triebveränderungen, die nach der einen Richtung die Neurose erklären sollen, für den Fall, daß die verdrängte Energie der Triebe «sublimiert» wird, nichts weniger hervorbringen als die Fähigkeit zu jeder Art höherer Kulturgestaltung, ja, wie Freud ausdrücklich sagt, die *Spezifität* der menschlichen Konstitution selbst. So heißt es ausdrücklich: «Die bisherige Entwicklung des Menschen scheint mir keiner anderen Erklärung zu bedürfen als die der Tiere, und was man an einer Minderzahl von menschlichen Individuen als rastlosen Drang zu weiterer Vervollkommnung beobachtet, läßt sich ungezwungen als Folge der Triebverdrängung verstehen, auf welcher das Wertvollste an der menschlichen Kultur aufgebaut ist[1]». Man hat noch viel zu wenig darauf geachtet, daß der späte Freud, seit Aufstellung seiner dualistischen Lehre von den zwei Grundtrieben Libido und Todestrieb, nicht nur mit Schopenhauer, sondern selbst direkt mit Buddhas Lehre einen seltsamen, zuweilen zu klarer Bewußtheit gelangenden Zusammenhang gewinnt. Nach beider Lehre sind im Grunde alle Formen des Daseins, von materiellen Dingen an über Pflanze, Tier, Mensch bis zu dem das «heilige Wissen» besitzenden Weisen, gleichsam Gruppen eines erstarrten Festzuges in die stille Nichtsheit, in den ewigen Tod. Ist doch nach Freud – der (fälschlich, wie ich glaube,) dem Organismus überhaupt eine Tendenz schlechthinniger Soseins*erhaltung*, eine Tendenz zur Ruhelage, zu Reizschutz und Reizverweigerung beilegt – schon das Machtsystem, das beim Tiere (im Gegensatz zur Pflanze) zu den Ernährungs-, Wachstums- und Fortpflanzungssystemen hinzutritt und sich zwischen sie und die Umwelt einschaltet, eine relative Leistung des im Grunde sadistischen, zerstörerischen Todestriebes als der Ursehnsucht des Lebens «ins Anorganische zurück».

Auch nicht einer dieser Thesen der «negativen Theorie» des Geistes kann ich meine Zustimmung geben. Es sind lauter

[1] Vgl. «Jenseits des Lustprinzips» (1918), S. 40.

Thesen einseitiger, nur auf Lebenswerte bezogener «Psychiker» – wenn ich den alten Unterschied von Psychiker und Pneumatiker hier anwenden darf. Selbst Buddha war ein ausgeprägter Psychiker. Ich bin sogar der Meinung, daß die gesamte indische Kultur die spezifisch griechische und abendländische Kategorie des «Geistes» nicht besaß. Alle indischen Systeme sind entweder positiver oder negativer Biologismus, und dies sowohl der Eigenart des Anorganischen gegenüber, wie der Eigenart des Geistigen. Doch dies nebenbei.

Der *Grundmangel* jeder Art von negativer Theorie des Geistes ist die Tatsache, daß sie keine Spur Antwort auf die fundamentalen Fragen gibt: *Was* denn im Menschen negiert, was denn verneint den Willen zum Leben, was verdrängt Triebe? Und aus welchem verschiedenen Letztgrunde wird die verdrängte Triebenergie das eine Mal Neurose, das andere Mal zu kulturgestaltender Tätigkeit sublimiert*. Wohin wird sublimiert? Und wieso stimmen die Prinzipien des Geistes (zum mindestens partiell) mit den Seinsprinzipien überein? Endlich: Wozu wird sublimiert, verdrängt, der Lebenswille negiert – um welcher Endwerte und Endziele willen? Auch Alsberg muß man fragen: *Was* ist es denn, was die Organausschaltung leistet, was die materiellen und immateriellen Werkzeuge erfindet? Und werden die Organe denn wirklich «ausgeschaltet» – und nur um derselben Werte und Ziele willen, die auch dem Tiere eigen sind: zur Individual- und Arterhaltung auf dieser Erdrinde? Das «Bedürfnis» allein, das schon Lamarck für die Organneubildung so maßlos überschätzte, wenn er es selbst als letzte Ursache auch seiner eigenen Befriedigung ansieht, genügt keineswegs als Erklärung. Und warum starb denn diese organisch so schlecht angepaßte Art, die «Mensch» heißt, nicht aus, wie Hunderte anderer Arten auch ausstarben? Wie war es möglich, daß dieses schon fast zum Tode verurteilte Wesen, dieses *kranke*, zurückgebliebene, leidende Tier mit der Grundhaltung ängstlicher Selbstumhüllung, des Selbstschutzes seiner schlecht angepaßten, überverletzlichen Organe, sich in das «Prinzip der Menschlichkeit» und damit in die Zivilisation und Kultur rettete – und das heißt doch: in das Prinzip eines objektiven Fortschritts und Wachstums der Sinngebilde des objektiven Geistes? Wie rettete es sich aus dieser «Sackgasse» (die ich als solche rein biologisch zugebe) einer Lebensrichtung? Sicher doch nicht durch Vernunft, durch Geist, der ja erst durch Askese, Verdrängung, Organausschaltung entsprungen sein soll! Man hat gesagt, der Mensch habe einen Triebüberschuß als ursprüngliches Artmerkmal und daher habe er verdrängen müssen (A. Seidel*); aber dieser Triebüberschuß dürfte doch wohl gerade umgekehrt erst die *Folge* der bereits vollzogenen Triebveränderung sein – und keineswegs ihre Ursache!

Die negative Theorie setzt eben in jeder Form, in der sie auftritt, das, was durch sie erklärt werden soll, immer schon *voraus:* den *Geist*, die Vernunft, eine eigene selbständige Gesetzlichkeit des Geistes und die teilweise Identität seiner Prinzipien mit denen des Seins selbst. Eben der *Geist* ist es, der bereits die Triebverdrängung *einleitet*, indem der idee- und wertgeleitete geistige «Wille» den idee-wertwiderstreitenden Impulsen des Trieblebens die zu einer Triebhandlung notwendigen Vorstellungen versagt, andererseits den lauernden Trieben idee- und wertangemessene Vorstellungen gleichsam wie Köder vor Augen stellt, um die Triebimpulse so zu koordinieren, daß sie das *geistgesetzte Willenprojekt ausführen*, in Wirklichkeit überführen. Diesen Grundvorgang nennen wir «*Lenkung*», die in einem «Hemmen» (non fiat) und «Enthemmen (non non fiat) von Triebimpulsen durch den geistigen Willen besteht, und «*Leitung*» die Vorhaltung – gleichsam – der Idee und des Wertes selbst, die dann je erst durch die Triebbewegungen sich verwirklichen. Was aber der Geist *nicht* vermag, ist dies: selbst irgendwelche Triebenergie *erzeugen* oder aufheben, vergrößern oder verkleinern. Er vermag nur je verschiedene Triebgestalten hervorzurufen, die eben das den Organismus handelnd vollziehen lassen, was er, der Geist, «will». Aber nicht nur diese durch die Vorstellungsregulation vermittelte, vom Geiste ausgehende Triebregulation – auch das Endziel ist wieder etwas Positives: die Macht- und Tätigkeitsgewinnung des Geistes, das innere Freier- und Selbständigerwerden, sagen wir kurz: die *Verlebendigung des Geistes*.

Das allein verdient rechtmäßig «*Sublimierung*» des Lebens zum Geiste genannt zu werden – nicht aber ein mystischer Vorgang, der den Geist aus der Triebverdrängung entspringen lassen und neue geistige Qualitäten schaffen soll.

Damit kommen wir zur «*klassischen*» Theorie des Geistes zurück. Sie ist, wie ich schon sagte, ebenso falsch wie die «negative» Theorie; da sie aber fast die *gesamte Philosophie des Abendlandes* beherrscht, ist ihr Irrtum ein viel gefährlicherer. Diese Theorie mit ihrem Ursprung im griechischen Geist- und Ideenbegriff ist die Lehre von der *Selbstmacht* der Idee, ihrer *ursprünglichen* Kraft und Tätigkeit, ihrer Wirkfähigkeit, – die die Griechen zuerst konzipierten und die durch sie hindurch zu einer Grundauffassung des größten Teiles des abendländischen Bürgertums geworden ist[1].

Ob diese klassische Theorie des Geistes auftritt bei Platon und Aristoteles, wo die «Ideen» bzw. die «Formen» zugleich als gestaltende *Kräfte* auftreten, die aus einem μὴ ὄν bzw. dem «Möglichsein« der prima materia die Weltdinge formen; ob sie in der theistischen Form jüdisch-christlicher Religiosität erscheint, die Gott *nur* «reinen Geist» sein läßt und ihm als solchen nicht nur Leitung und Lenkung (Hemmen und Guthemmen), sondern einen positiven schöpferischen, ja sogar allmächtigen Willen beilegt; ob sie in mehr pantheistischer Form auftritt, wie bei Fichte oder in Hegels Panlogismus, nach welchem die Weltgeschichte auf der Selbstexplikation der göttlichen Idee nach einem Gesetz der Dialektik beruhen soll, der Mensch in seinem Kerne nur das werdende Selbstbewußtsein, das werdende Bewußtsein der Freiheit ist, das die ewige geistige Gottheit von sich selbst in ihm, in seiner Geschichte, gewinnt – überall und immer krankt die klassische Theorie an

[1] Soziologisch ist also die klassische Theorie eine Klassenideologie, die Ideologie einer Oberklasse, des Bürgertums. Vgl. meine «Probleme einer Soziologie des Wissens» a.a.O.

demselben Irrtum, den abzutun der Menschheit die schwersten Erfahrungen kostet: es besitze Geist und Idee eine *ursprüngliche Selbstmacht* – er sei auch *ohne* den Lebensdrang ein mächtiges, ja allmächtiges Prinzip. Hier beginnt das relative Recht der großen Gegner der klassischen Lehre, der Triebnaturalisten, von Epikur, Hobbes, Machiavell, Lamettrie bis zu Schopenhauer, Marx und Freud, die aber in ihrer reaktiven Opposition gegen die klassische Lehre ihrerseits gerade *die* Wahrheit preisgaben, die in dieser Lehre liegt: die Autonomie des Geistes in seiner Essentia und seinen Gesetzen, – damit aber ihre eigene Theorie, wie jede Theorie überhaupt, entwertend. Denn die Autonomie des Geistes ist die oberste Voraussetzung für die Idee der «Wahrheit» und ihre mögliche Erkennbarkeit.

Die klassische Lehre tritt vor allem in *zwei Hauptformen* auf: in der Lehre von der geistigen Seelensubstanz im Menschen und in jenen Lehren, nach denen nur ein einziger Geist existiert, im Verhältnis zu dem alle einzelnen Geister nur Modi oder Tätigkeitszentren dieses Geistes sind (Averroës, Spinoza, Kant, Fichte, Hegel, Schelling, v. Hartmann). Die Substanzlehre der Seele beruht auf der unberechtigten Anwendung der äußeren Dingkategorie oder, in ihrer älteren Form, der organismenhaften Scheidung und Anwendung der Kategorien von «Stoff» und «Form» auf das Verhältnis von Leib und Seele (Thomas von Aquin). Beide Anwendungen kosmologischer Kategorien auf das zentrale Sein des Menschen verfehlen ihr Ziel. Das geistige Aktzentrum, die Person des Menschen, ist keine Substanz, sondern eine monarchische Anordnung von Akten, unter denen je *einer* die Führung und Leitung besitzt und auf denjenigen Wert und die Idee gerichtet ist, mit denen der Mensch sich je «identifiziert«.

Aber sehen wir von der Kritik der Einzelgestaltungen dieser Lehre ab. Der *Grund*irrtum, aus dem die «klassische» Theorie in ihrer Gesamtheit stammt, ist ein tiefer, grundsätzlicher, mit dem ganzen Weltbild zusammenhängender Irrtum: anzunehmen, daß diese Welt, in der wir leben, von Hause aus und konstant so geordnet sei, das die höheren Seinsformen nicht nur an Sinn und Wert, sondern – hier beginnt der Irrtum – auch an *Kraft und Macht zunehmen*, je *höher* sie sind. Für uns ist es ein ebenso großer Irrtum, die je höhere Seinsform – z.B. das Leben gegenüber dem Anorganischen, das Bewußtsein gegenüber dem unbewußten Leben, den Geist im Verhältnis zu den untermenschlichen Bewußtseinsformen im Menschen selbst und außerhalb des Menschen – genetisch *entsprungen* zu denken aus Prozessen, die zu den niedrigeren Seinsformen gehören (Materialismus und Naturalismus), wie umgekehrt anzunehmen, die höheren Seinsformen seien *Ursache* der niedrigeren, es gebe z.B. eine Lebens*kraft*, eine Bewußtseins*tätigkeit*, einen von Hause aus *mächtigen* tätigen Geist (Vitalismus und Idealismus). Führt die negative Theorie zu falscher mechanistischer Allerklärung, so führt die klassische Lehre zu dem haltlosen Un-Sinn einer sog. «teleologischen» Weltanschauung, wie sie die gesamte theistische Philosophie des Abendlandes beherrscht. Sehr treffend drückt den gleichen Gedanken, den ich bereits in meiner «Ethik» vertreten habe, Nikolai Hartmann aus: «Die höheren Seins- und Wertkategorien sind von Hause aus die schwächeren».

Der *Kräfte- und Wirkstrom*, der allein Dasein und zufälliges Sosein zu setzen vermag, läuft in der Welt, die wir bewohnen, nicht von oben nach unten, sondern *von unten nach oben!* In stolzester Unabhängigkeit steht die anorganische Welt in ihrer Eigengesetzlichkeit da – an ganz wenigen Punkten so etwas wie «Lebendiges» enthaltend. In stolzer Unabhängigkeit steht Pflanze und Tier dem Menschen gegenüber, wobei das Tier weit mehr vom Dasein der Pflanze abhängig ist als umgekehrt: die tierische Lebensrichtung bedeutet gegenüber der pflanzlichen Richtung nicht nur einen Gewinn, sondern auch einen Verlust, da sie den direkten Verkehr mit dem Anorganischen nicht mehr besitzt, den die Pflanze durch ihre Art der Ernährung hat. In analoger Unabhängigkeit steht in der Geschichte des Menschen die Masse als solche in der Eigengesetzlichkeit ihrer historisch trägen Bewegungen da gegenüber den höheren Formen des menschlichen Daseins. Fast nur wie ein glücklicher, gnadenreicher Zufall erscheint es zunächst unseren endlichen Augen, wenn die Erde oder irgendein ferner Stern «lebensreif» wird: reif, Leben zu tragen, oder wenn der eigengesetzliche Zug menschlicher Massenbewegungen in eine Richtung gerät, in der die Masse den Genius auch nur zu dulden vermag – geschweige denn darüber hinaus ihre Interessen und Leidenschaften seine Ideen und Werte aufzunehmen vermögen, um sich durch sie befruchten zu lassen. Welch seltener Glücksfall, wenn in dieser Welt der sittlich Gutwillige und Gutgesinnte auch Erfolg hat – das erreicht, was wir «historische Größe» nennen, d.h. erhebliche Wirkmacht auf die Geschichte! Kurz und selten sind die Blüteperioden der Kultur in der menschlichen Geschichte. *Kurz und selten ist das Schöne in seiner Zartheit und Verletzlichkeit.*

Das ursprünglich aller Macht, aller Wirksamkeit Bare ist gerade der *Geist*, je reiner er Geist ist.

Die wahre, ursprüngliche Anordnung der Beziehungen, die zwischen den höheren bzw. niederen Seinsformen und Wertkategorien und den Kräften und Mächten bestehen, in welchen sich diese Formen verwirklichen, ist gekennzeichnet mit dem Satze: «*Mächtig ist ursprünglich das Niedrige, ohnmächtig das Höchste*». Jede höhere Seinsform ist im Verhältnis zu der niedrigeren *relativ* kraftlos – und sie verwirklicht sich nicht durch ihre eigenen Kräfte, sondern durch die Kräfte der niedrigeren. Der Lebensprozeß, an sich ein gestalteter Vorgang in der Zeit von eigener Struktur, wird *verwirklicht* ausschließlich durch die Stoffe und Kräfte der anorganischen Welt. Ganz analog steht der *Geist* zum *Leben*. Wohl kann der Geist durch den Prozeß der Sublimierung Macht *gewinnen*, können die Lebenstriebe in seine Gesetzlichkeit und in die Ideen- und Sinnstruktur, die er leitend ihnen vorhält, eingehen (oder nicht eingehen) und im Verlaufe dieses Eingehens und Durchdringens in Individuum und Geschichte dem Geiste Kraft ver-*leihen* – aber *von Hause aus und ursprünglich hat der Geist keine eigene Energie*. Die höhere Seinsform «determiniert» wohl sozusagen das *Wesen* und die Wesensregionen der Weltgestaltung – *verwirklicht* aber wird sie durch ein anderes Prinzip, das ebenso ursprünglich wie das geistige dem Urseienden eigen ist: durch das realitätschaffende und die zufälligen Bilder bestimmende Prinzip, das wir «*Drang*» bzw. bilderschaffende «Drangphantasie» nennen.

Das Mächtigste, was es in der Welt gibt, sind die ideen-, formen- und gestalt«blinden» *Kraftzentren* der anorganischen Welt als unterste Wirkpunkte dieses Dranges. Nach einer immer stärker sich verbreitenden Auffassung unserer heutigen theoretischen Physik unterliegen diese Zentren wahrscheinlich überhaupt keiner ontischen Gesetzlichkeit in ihrem Zu- und Gegeneinander, sondern nur einer Zufallsgesetzlichkeit statistischer Art. Erst der Mensch als Lebewesen bringt – nicht aus rationaler, sondern biologischer Notwendigkeit, d.h. um *handeln* zu können – dadurch, daß seine Sinnesorgane und -funktionen mehr die regelmäßigen als die unregelmäßigen Vorgänge der Welt indizieren, jene «Naturgesetzlichkeit» in die Welt hinein, die der Verstand nachher abliest. Nicht das Gesetz ist es, das hinter dem Chaos von Zufall und Willkür im ontologischen Sinne liegt, sondern das Chaos ist es, das sich hinter dem Gesetz formalmechanischer Art türmt! Würde sich die Lehre, daß alle Naturgesetzlichkeiten im letzten Grunde nur statistische Bedeutung haben, daß alle Naturvorgänge (auch in der Mikrosphäre) schon Gesamtvorgänge sind, die aus der Wechselwirkung willkürlicher Krafteinheiten resultieren, durchsetzen, so würde unser gesamtes Naturbild eine ungeheure Wandlung erfahren: Als die wahren *ontischen* Gesetze erwiesen sich dann die sog. *Gestaltgesetze*, d.h. Gesetze, die eine gewisse Zeitrhythmik des Geschehens und, von ihr abhängig wieder, gewisse statische Gestalten des körperlichen Daseins vorschreiben[1]. Und da innerhalb der Lebenssphäre, sowohl der physiologischen wie der psychischen, sicher nur Gesetze von der Art der Gestaltgesetze (obzwar nicht notwendig nur die ma-

[1] Vgl. meine Ausführungen in der Abhandlung «Erkenntnis und Arbeit», Abschn. V.

terialen Gesetze der Physik) gelten, so würde die Gesetzlichkeit der Natur durch diese Auffassung wieder ein streng *einheitliche*.

Dann aber wäre es nicht ausgeschlossen, den Begriff der «Sublimierung» auf *alles* Weltgeschehen zu formalisieren. Sublimierung fände dann in jedem Grundvorgang statt, durch den Kräfte einer niedrigeren Sphäre des Seins im Werdeprozeß der Welt allmählich in den Dienst eines höher gestalteten Seins und Werdens gestellt würden, wie z.B. die zwischen den Elektronen sich abspielenden Kräfte in den Dienst der Atom*gestalt*, oder die innerhalb der anorganischen Welt tätigen Kräfte in den Dienst der Lebens*struktur*. Die Menschwerdung und die Geistwerdung müßte dann als der *bislang letzte Sublimierungsvorgang der Natur* angesehen werden – gleichzeitig sich äußernd in der immer größeren Zuwendung der vom Organismus aufgenommenen äußeren Energien an die kompliziertesten Prozesse, die wir kennen, die Erregungsprozesse der Gehirnrinde, *und* in dem analogen psychischen Vorgang der Triebsublimierung als Umsetzung der Triebenergie in «geistige» Tätigkeit.

Den gleichen Vorgang der *Auseinandersetzung von Geist und Leben* treffen wir in anderer Form wieder in der Menschen*geschichte* an. Sicher gilt für sie nicht die These Hegels, daß sie auf einer Explikation bloßer Ideen auseinander beruhe, vielmehr durchaus der Satz von Karl Marx, daß Ideen, die keine Interessen und Leidenschaften hinter sich haben – und das heißt: Mächte, die aus der *Vital- und Triebsphäre* des Menschen stammen –, sich in der Weltgeschichte unweigerlich zu «blamieren» pflegen.[1] Trotzdem aber zeigt die Geschichte eine im großen und ganzen zunehmende *Ermächtigung* der Vernunft, aber eben nur durch und auf Grund einer zunehmenden Aneignung der Ideen und Werte durch die großen triebhaften Gruppentendenzen und die Interessenverzahnungen zwischen ihnen. Auch hier müssen wir uns eine weit bescheidenere Auf-

[1] Ich habe dies eingehend in meinen «Problemen einer Wissenssoziologie» gezeigt; s. Teil I

fassung von der Bedeutung des menschlichen Geistes und Willens auf den Gang geschichtlicher Dinge zu eigen machen.

Geist und Wollen des Menschen kann – ich sagte es – nie mehr bedeuten als «*Leitung*» und «*Lenkung*».* Und das bedeutet immer nur, daß der Geist als solcher den Triebmächten Ideen vorhält, und das Wollen den Triebimpulsen – die schon vorhanden sein müssen – solche Vorstellungen zuwendet oder entzieht, die die Verwirklichung dieser Ideen konkretisieren können. Ursprüngliche determinierende Lenkdetermination hat also das zentrale geistige Wollen nicht auf die Triebe selbst, sondern auf die Abwandlung der Vorstellungen. Ein *direkter* Kampf des reinen Willens gegen die Triebmächte, d. h. ohne solche Vorhaltung von Ideen bzw. Zuwendung oder Entziehung von Vorstellungen, ist eine Unmöglichkeit. Wo er *intendiert* wird, regt er im Gegenteil die Triebe weit mehr in ihrer einseitigen Richtung auf. Das ist schon die Erfahrung des Paulus gewesen, wenn er sagt, das Gesetz gehe umher wie ein brüllender Löwe, um die Menschen mit Sünde anzufallen. (In jüngster Zeit hat u. a. William James über diesen Punkt tiefe Bemerkungen gemacht.) Das Wollen erwirkt immer das Gegenteil von dem, was es will, wenn es sich, anstatt einen *höheren Wert* zu intendieren, dessen Verwirklichung das Schlechte vergessen läßt und die Energie des Menschen *anzieht*, auf die bloße Bekämpfung, Negierung eines Triebes richtet, dessen Ziel als «schlecht» vor dem Gewissen steht. So muß der Mensch auch *sich selber dulden* lernen – auch diejenigen Neigungen, die er als schlecht und verderblich in sich erkennt. Er darf sie nicht durch direkten Kampf angreifen, sondern muß sie indirekt überwinden lernen durch Einsatz seiner Energie für wertvolle Aufgaben, die sein Gewissen als gut und trefflich erkennt und die ihm zugänglich sind. In der Lehre vom «Nichtwiderstand» gegen das Böse schlummert, wie schon Spinoza in seiner «Ethik» so tiefsinnig ausgeführt hat, eine große Wahrheit.

Unter diesen Begriff der Sublimierung gebracht, stellt die Menschwerdung, wie ich schon sagte, die uns bekannte *höchste*

Sublimierung – und zugleich die *innigste Einigung aller Wesensregionen der Natur* dar. Denn der Mensch faßt alle Wesensstufen des Daseins überhaupt, insbesondere des Lebens in sich zusammen – wenigstens den *Wesens*regionen, nicht deren zufälliger Ausgestaltung und noch weniger quantitativer Verteilung nach. Vor einem Weltbild, wie es hier angedeutet ist, zergeht der Gegensatz, der so viele Jahrhunderte beherrscht hat: der Gegensatz einer «teleologischen» und «mechanischen» Erklärung der Weltwirklichkeit[1].

Dieser Gedankengang kann auch vor dem höchsten Sein, dem Weltgrunde, nicht stille halten. Auch das Sein, das nur «durch sich selbst» ist und von dem alles andere abhängt, kann, sofern ihm das Attribut des «*Geistes*» zugesprochen wird, *als* geistiges Sein keinerlei ursprüngliche Macht oder Kraft besitzen. Es ist vielmehr jenes andere Attribut, die «*natura naturans*» im höchsten Sein, der allmächtige, mit unendlichen Bildern geladene «Drang», der die Wirklichkeit und das durch Wesensgesetze und Ideen niemals eindeutig bestimmte zufällige Sosein dieser Wirklichkeit zu verantworten hat. Nennen wir das rein geistige Attribut im obersten Grunde alles endlichen Seins «*deitas*», so kommt ihr, kommt dem, was wir den «Geist» und die «Gott-heit» in diesem Grunde nennen, keinerlei positive schöpferische Macht zu. Der Gedanke einer «Weltschöpfung aus nichts» zerfällt vor dieser Folgerung. Wenn in dem «Sein durch sich selbst» diese *Urspannung von Geist und Drang* gelegen ist, dann muß das Verhältnis dieses Seins zur Welt ein anderes sein. Wir drücken dies aus, wenn wir sagen: Der Grund der Dinge mußte, wenn er seine deitas, die in ihr angelegte Ideen- und Wertfülle *verwirklichen* wollte, den weltschaffenden Drang enthemmen, um im zeithaften Ablauf des Weltprozesses sich selbst zu verwirklichen – er mußte den Weltprozeß sozusagen in Kauf nehmen, um in und durch den zeithaften Ablauf dieses Prozesses sein Wesen zu verwirklichen. Und nur in dem Maße wird das «Sein-durch-sich» zu einem Sein, das würdig wäre, göttliches *Dasein* zu heißen, als es

[1] Vgl. dazu meine Abhandlung «Erkenntnis und Arbeit» a.a.O.

im Drange der Geschichte der Welt *im* Menschen und *durch* den Menschen die ewige deitas verwirklicht. Und nur im selben Maße kann dieser – an sich zeitlose, aber sich für endliches Erleben zeithaft darstellende – Prozeß seinem Ziele, der Selbstverwirklichung der Gottheit, näher rücken, als das, was wir die «Welt» nennen, der vollkommene Leib der ewigen Substanz geworden sein wird.

Erst in der Bewegung dieses gewaltigen Wettersturmes, der die «Welt» ist, kann eine *Angleichung* der Ordnung der Seinsformen und der Werte an die tatsächlich wirksamen Mächte und umgekehrt dieser an jene erfolgen. Ja im Verlauf dieser Entwicklung kann eine allmähliche *Umkehrung* des ursprünglichen Verhältnisses eintreten, nach welchen die höheren Seinsformen die schwächeren, die niedrigeren die stärkeren sind. Anders ausgedrückt: Die *gegenseitige Durchdringung* des ursprünglich ohnmächtigen Geistes und des ursprünglich dämonischen, d.h. gegenüber allen geistigen Ideen und Werten blinden Dranges: die werdende Ideierung und *Vergeistigung der Drangsale*, die hinter den Bildern der Dinge stehen, und die gleichzeitige Ermächtigung d. h. *Verlebendigung des Geistes* ist das Ziel und Ende endlichen Seins und Geschehens. Der Theismus stellt es fälschlicherweise an seinen Ausgangspunkt.

*

Wir sind ein wenig hoch gestiegen. Kehren wir zurück zu dem der Erfahrung näher liegenden *Problem der menschlichen Natur*.

Für die Neuzeit hat die klassische Theorie des Menschen ihre wirksamste Form gefunden in der *Lehre des Descartes*, die wir eigentlich erst in jüngster Zeit abzuschütteln im Begriff sind. Dadurch, daß er alle Substanzen in «denkende» oder «ausgedehnte» einteilte und lehrte, daß der Mensch allein von allen Wesen aus diesen beiden in Wechselwirkung stehenden Substanzen bestehe, hat Descartes in das abendländische Bewußtsein ein ganzes Heer von Irrtümern schwerster Art über die menschliche Natur eingeführt. Mußte er doch auf Grund dieser Einteilung selbst den Un-Sinn in Kauf nehmen, allen

Pflanzen und Tieren die psychische Natur abzusprechen, und den «Schein» der Beseelung von Tier und Pflanze, den die ganze Zeit vor ihm für Wirklichkeit genommen hatte, durch anthropopathische «Einfühlung» *unserer* Lebensgefühle in die äußeren Bilder der organischen Natur erklären – und alles, was nicht menschliches *Bewußtsein* und Denken ist, rein mechanisch erklären. Nicht nur die widersinnigste Übersteigerung der «Sonderstellung» des Menschen, seine Herausreißung aus den Mutterarmen der Natur war die Folge – auch die Grundkategorie des *Lebens* und seiner Urphänomene wurde dadurch mit einem Federstrich einfach aus der Welt herausgeworfen. Die Welt besteht für Descartes aus nichts als aus «denkenden» Punkten und einem gewaltigen, mathematisch zu erforschenden Mechanismus. Wertvoll an der Lehre Descartes ist nur eines: die neue *Autonomie* und *Souveränität des Geistes* (allerdings bei ihm auf Ratio reduziert und diese mit Intelligenz vermischt), die Erkenntnis der *Überlegenheit des Geistes über alles Organische* und Nur-Lebendige, die er bei der mittelalterlichen Identifizierung der forma corporeitatis mit der Geistseele nicht besaß. Alles andere ist größte Verkehrtheit.

Daß es eine örtlich bestimmte Seelensubstanz, wie sie Descartes annimmt (Zirbeldrüse), nicht gibt, ist schon aus dem Grunde selbstverständlich, daß es weder im Gehirn noch sonstwo im menschlichen Leibe eine Zentralstelle gibt, in der alle sensiblen Nervenfasern zusammenlaufen und sich alle nervösen Prozesse treffen. Auch das ist grundfalsch an der Descartes'schen Lehre, daß das Psychische nur in «Bewußtsein» bestehe und ausschließlich an die Großhirnrinde gebunden sei. Eingehende psychiatrische Forschungen haben gezeigt, daß die für die Grundlage des menschlichen «Charakters» ausschlaggebenden psychischen Funktionen, insbesondere alles, was zum Triebleben und zur Affektivität gehört – die wir ja als Grund- und Urform des Psychischen erkannt haben –, seine physiologischen Parallelprozesse überhaupt nicht im Großhirn, sondern in der Hirnstammgegend hat, teils im zentralen Höhlengrau des dritten Ventrikels, teils im Thalamus, der als zentrale Schaltung zwischen den Sensationen und dem Triebleben vermittelt. Ferner hat sich das System der Blutdrüsen ohne Ausgang (Schilddrüse, Keimdrüse, Hypophyse, Nebenniere), deren Funktionsart das menschliche Triebleben und die Affektivität, ferner Höhen- und Breitenwuchs, Riesen- und Zwergwuchs, wahrscheinlich auch die Rassencharaktere determiniert, als die eigentliche *Vermittlungsstelle* zwischen dem ganzen Organismus, samt seiner Gestaltungsform, und jenem kleinen anhängenden Teil des Seelenlebens erwiesen, den wir «Wachbewußtsein» nennen. Es ist der *ganze Körper*, der heute wieder das physiologische Parallelfeld der seelischen Geschehnisse geworden ist, keineswegs nur das Gehirn. Von einer so äußerlichen Zusammenbindung einer Seelensubstanz mit einer Körpersubstanz, wie sie Descartes annahm, kann gar nicht mehr ernstlich die Rede sein.

Die Philosophen, Mediziner, Naturforscher, die sich heute mit dem *Problem von Leib und Seele* beschäftigen, konvergieren immer mehr zur Einheit einer Grundanschauung: *Ein und dasselbe* Leben ist es, das in seinem Innesein *psychische*, in seinem Sein für andere *leibliche* Formgestaltung besitzt. Man führe gegen diese Einheit nicht als Argument an, daß das «Ich» doch «einfach» und eins sei, der Körper aber ein verwickelter «Zellenstaat». Die heutige Physiologie hat die Zellenstaatvorstellung vollständig abgebaut, wie sie auch mit der Grundanschauung gebrochen hat, daß die Funktionen des Nervensystems nur summativ, also nicht-ganzheitlich zusammenträfen und jeweilig streng örtlich und morphologisch in ihrem Ausgangspunkte bestimmt seien. Hält man freilich wie Descartes den physischen Organismus für eine Art Maschine, und zwar in dem starren Sinne der alten, heute schon von der theoretischen Physik und Chemie selber überwundenen und zum alten Eisen geworfenen mechanischen Naturlehre des Galilei-Newton-Zeitalters, übersieht man andererseits wie Descartes und alle, die ihm folgten, auf der psychischen Seite die *Selbständigkeit* und (sicher nachgewiesene) *Priorität* des gesamten Trieb- und Affektlebens vor allen «bewußten» Vorstellungsbildern; schränkt man alles Seelenleben auf das *Wach*bewußtsein ein, die gewaltigen Abspaltungen ganzer zusammenhängender Funktionsgruppen des seelischen Geschehens vom Bewußtseins-Ich, vom einheitlichen Ichganzen übersehend wie die bekannten Spaltungserscheinungen des Bewußtseins-Ich selber; leugnet man ferner die Affektverdrängung und übersieht man die für ganze Lebensphasen möglichen Amnesien, dann kommt man allerdings auf den *falschen Gegensatz*: hier Einheit und Einfachheit ursprünglicher Art, dort nur Vielheit erst sekundär verbundener Körperteile und in ihnen erst fundierter Prozesse; hier *eine* Seelensubstanz, dort unendlich viele körperliche Einzelsubstanzen. Dieses überzentralistische Seelenbild ist genau so irrig wie das übermechanistische Bild des physiologischen Geschehens, das sich die ältere Physiologie gemacht hat.

Im äußersten Gegensatz zu all diesen Theorien dürfen wir sagen: *Der physiologische und der psychische Lebensprozeß sind ontologisch streng identisch* (wie es schon Kant vermutet hatte). Sie sind *nur phänomenal verschieden* – aber auch phänomenal streng identisch in den Strukturgesetzen und in der Rhythmik ihres Ablaufs Beide Prozesse sind amechanisch, die physiologischen sowohl wie die psychischen, beide sind teleoklin und auf Ganzheit eingestellt. Die physiologischen Prozesse sind es um so mehr, je niedriger (nicht also je höher) die Segmente des Nervensystems sind, in denen sie ablaufen; die psychischen Prozesse sind gleichfalls um so ganzheitlicher und zielhafter, je primitiver sie sind. Beide Prozesse sind nur zwei Seiten des nach seiner Gestaltung und nach dem Zusammenspiel seiner Funktionen *einen* übermechanischen Lebensvorganges.

Was wir also «physiologisch» und «psychologisch» nennen, sind nur zwei Seiten der Betrachtung *eines und desselben Lebensvorganges*. Es gibt eine «Biologie von innen» und eine «Biologie von außen». Die Biologie von außen schreitet in der Erkenntnis von der *Form*struktur des Organismus zu den eigentlichen Lebens*prozessen* fort, darf aber nie vergessen, daß jede lebendige Form von den letztunterscheidbaren Zellelementen an über Zellen, Gewebe, Organe bis zum ganzen Organismus hinauf in jedem Augenblick dynamisch getragen und neu geformt ist durch den *Lebensprozeß*, und daß in der Entwicklung die von den Betriebsfunktionen der Organe scharf zu scheidenden «gestaltenden Funktionen» es sind, welche die statischen (anatomischen) Formen des organischen Stoffes unter Mitwirkung der chemisch-physikalischen «Situation» erst hervorbringen. Mit Recht haben der Heidelberger Anatom H. Braus und von der Physiologie her A. v. Tschermak diesen Gedanken in den Mittelpunkt ihrer Forschungen gestellt. Man darf sagen, daß sich diese Auffassung heute in allen Wissenschaften durchsetzt, die es mit dem berühmten Problem zu tun haben. Der alte «psychomechanische Parallelismus» von «Leib und Seele» gehört heute genau so zum alten Eisen wie die durch Lotze aufgefrischte «Wechselwirkungslehre» oder die scholastische Lehre von der Seele als «forma corporeitatis».

Die Kluft, die Descartes, durch seinen Dualismus von Ausdehnung und Bewußtsein als Substanzen, zwischen Körper und Seele aufgerichtet hatte, hat sich heute fast bis zur Greifbarkeit der *Einheit des Lebens* geschlossen. Wenn ein Hund ein Stück Fleisch sieht und derweil bestimmte Magensäfte sich in seinem Magen bilden, so ist das für Descartes, der aus der Seele das gesamte Trieb- und Affektleben herauswarf und gleichzeitig eine rein chemisch-physikalische Erklärung der Lebenserscheinungen auch ihren Strukturgesetzen nach forderte, ein absolutes Wunder. Warum? Weil er auf der seelischen Seite den Triebimpuls des Appetites ausschaltet, der im selben Sinne eine Bedingung für das Zustandekommen der optischen Wahrnehmung des Fressens durch das Tier ist, wie es auch der äußere Reiz ist (der überdies niemals, wie Descartes glaubt, Bedingung des *Inhalts* der Wahrnehmung, sondern nur der *Jetzt-hier-Wahrnehmung* dieses Inhalts ist, der als Teil des Körper«bildes» von allem «Bewußtsein» ganz unabhängig besteht *, – und weil er auf der anderen, physiologischen Seite die Magensaftbildung, die dem Appetit entspricht, nicht für einen echten, in der physiologischen Funktionseinheit und ihrer Struktur verwurzelten *Lebens*vorgang hält, sondern für einen Vorgang, der ganz unabhängig vom zentralen Nervensystem rein chemikalisch im Magen abläuft, sobald nur die Speise in den Magen gelangt ist. Was aber würde Descartes dazu sagen, wenn man ihm Heyders Feststellung vor Augen führte, daß sogar die bloße Suggestion des Essens einer Speise die gleiche Wirkung nach sich ziehen kann wie das wirkliche Essen? Man sieht den Fehler – Descartes' Grundfehler –: das *Triebsystem* in Mensch und Tier (trotz seiner Schrift über die «Passiones») völlig zu übersehen, das eben die *Einheit* ausmacht und die *Vermittlung* bildet zwischen jeder echten Lebensbewegung und den Inhalten des Bewußtseins. Er und alle ältere Physiologie hält die physiologische Funktionseinheit für ein Punkt für Punkt im Sinne eines formalmechanischen Nahewirkungsprinzips von irgendwelchen morphologisch schon vollständig bestimmten, starren Teilen des organischen Körpers je ausgehendes und so gut wie völlig mechanisch determiniertes Geschehen. Das aber ist sie eben *nicht*. Die physiologische «Funktion» ist ihrem Grundbegriff nach eine selbständige rhythmisierte Ablaufsgestalt, eine dynamische Zeitgestalt, die keineswegs von Hause aus örtlich starr gebunden ist, die sich vielmehr weitgehend an den vorhandenen Zellsubstraten ihr Funktionsfeld *aussondern*, ja allererst *gestalten* kann. Eine summative Organreaktion bestimmter und starrer Art besteht auch bei denjenigen physiologischen Funktionen nicht, die keinerlei Bewußtseinskorrelat besitzen; ja sie besteht, wie man neuerdings gezeigt hat, nicht einmal für so einfache Reflexe wie den Patellarreflex (Kniescheibenreflex). Auch physiologisch kann der Organismus dieselben Ziele erreichen bei weitgehender Auswechslung der körperlichen Strukturen und Substrate, mit denen er arbeitet, auch bei Ablenkung durch eine neue Ursache. Phänomenologisch ist ferner das physiologische Verfahren genau so «sinngemäß» wie das psychische bzw. die bewußten Abläufe, und diese oft genau so «dumm» wie die organischen Abläufe. Wenn z. B. bei Regenerationsvorgängen des Organismus an der Wundstelle zwei Köpfe anstatt des einen entstehen, so finden wir dasselbe in Fällen der Wiederherstellung eines psychischen Komplexes nach Gegebenheit eines Teiles, in dem blinden Wiederholungstrieb z. B., analoge Szenen immer wieder herzustellen (der stets «Betrogene», das ewige «Opfer» usw.).

Nach meiner Meinung ist der Forschung heute geradezu das *methodische Ziel* zu stellen, im weitesten Maße zu prüfen, wieweit die *gleichen* Verhaltungsweisen des Organismus einmal durch physikalisch-chemische Reize von außen her, ein andermal durch psychische Reizung: Suggestion, Hypnose, alle Art von Psychotherapie, Veränderung der gesellschaftlichen Umgebung (von der viel mehr Krankheiten abhängen, als man ahnt) herbeigeführt und abgeändert werden können. Hüten wir uns also gar sehr vor einer falschen Übersteigerung ausschließlich physiologischer Erklärungen. Es kann ein Magengeschwür nach unserer heutigen Erfahrung ebensowohl psychisch bedingt sein wie durch einen gewissen chemisch-physikalischen Prozeß – und nicht nur Nervenkrankheiten, sondern auch organische Erkrankungen haben je ganz bestimmte psychische Korrelate. Auch quantitativ können wir beide Arten unseres Einflusses auf den eigentlichen *einheitlichen* Lebensprozeß – den durch den Korridor des Bewußtseins und den durch den Korridor der äußeren Reizung (P. Schilder) – so abwägen, daß wir in dem selben Maße mit der einen Reizung sparen, als wir die andere mehr verwenden. Sexuelle Erregung kann durch Einnahme gewisser Mittel ebensowohl herbeigeführt werden wie durch unzüchtige Bilder und Lektüre. Selbst der fundamentale Lebensvorgang, der «Tod» heißt, kann durch einen plötzlichen Affektschock ebensowohl herbeigeführt werden wie durch einen Pistolenschuß. Das alles sind nur verschiedene *Zugangsweisen*, die wir in unserer Erfahrung und Lenkung zu ein und demselben *ontisch einheitlichen Lebensprozeß* haben. Auch die höchsten psychischen Funktionen wie das sog. beziehende Denken entziehen sich einer strengen physiologischen Parallelisierung nicht. Endlich müssen nach unserer Lehre auch die *geistigen Akte*, da und sofern sie ihre ganze Tätigkeitsenergie aus der lebendigen Triebsphäre beziehen und ohne irgendeine «Energie» sich für unsere Erfahrung, auch für die eigene, nicht manifestieren können, stets ein physiologisches *und* psychisches

Parallelglied besitzen. Daß sich die abendländische Wissenschaft vom Menschen als Naturwissenschaft und Medizin vor allem mit der *Körper*seite des Menschen beschäftigt, die Lebensvorgänge in erster Linie durch den Korridor von außen her zu beeinflußen gesucht hat, ist eine Teilerscheinung des überaus einseitigen Interesses, das der abendländischen Technik überhaupt eigen ist. Wenn *uns* die Lebensvorgänge von außen her um so viel zugänglicher erscheinen als über den Korridor des Bewußtseins, so braucht das eben nicht auf dem tatsächlichen Verhältnis zwischen Psyche und Physis zu beruhen, sondern kann in einem jahrhundertelang einseitig eingestellten Interesse begründet sein. Die indische Medizin etwa zeigt die entgegengesetzte, nicht minder einseitige *psychische* Einstellung.*

Das psychophysische Leben ist *eins*[1] – und diese Einheit ist eine Tatsache, die für *alle* Lebewesen gilt; also auch für den *Menschen.* Den Menschen seinem Seelenleben nach mehr als gradweise vom Tier zu trennen, seiner Leibseele eine besondere Art von Herkunft und künftigem Schicksal zuzuschreiben, wie es der theistische Kreationismus und die herkömmliche Lehre von der Unsterblichkeit tut, dazu besteht nicht der mindeste Grund. Die Mendelschen Gesetze bestehen für den Aufbau des psychischen Charakters in dem selben Maße wie für irgendwelche körperlichen Merkmale. Die vorhandenen Verschiedenheiten zwischen Mensch und Tier im Ablauf der psychischen Funktionen sind allerdings sehr erheblich – aber sehr erheblich, und zwar weit erheblicher als die morphologischen Unterschiede zwischen Tier und Mensch, sind auch die physiologischen Unterschiede. Es wird beim Menschen im Verhältnis zum Tier ein unverhältnismäßig großer Mehrteil des gesamten Assimilationsmaterials zur Bildung nervöser Substanz verbraucht; die Ausbeute aber dieses Materials für Form- und Strukturbildung anatomisch sichtbarer Einheiten ist dabei auffällig *gering:* ein im Verhältnis zum Tier sehr großer Teil dieses Materials wandelt sich in rein funktionelle Gehirnenergie um.

[1] Letzte philosophische Vertiefung dieser Theorie muß ich mir hier versagen.

Dieser Vorgang stellt aber nur das *physiologische Korrelat* für eben den Vorgang im Menschen dar, den wir in psychologischer Sprache «*Verdrängung*» und «*Sublimierung*» nennen. Während der menschliche Organismus in seinen sensomotorischen Funktionen dem Tiere nicht wesentlich überlegen ist, ist die Energieverteilung zwischen seinem Großhirn und allen sonstigen Organsystemen eine vollständig andere. Das menschliche Gehirn genießt den unbedingten Vorzug in der Ernährung in einem viel ausgedehnteren Maße als das tierische Gehirn – genießt ihn, da es die intensivsten und vielseitigsten Energiegefälle besitzt und eine Verlaufsform seiner Erregungen, die rein örtlich viel weniger starr umgrenzt ist (Goldstein). Bei allgemeiner Assimilationshemmung wird das Gehirn *zuletzt* gehemmt und, verglichen mit anderen Organen, am wenigsten. Die Rinde des menschlichen Großhirns bewahrt und konzentriert die ganze Lebensgeschichte des Organismus und seine Vorgeschichte. Da jeder Sonderablauf der Erregungen im Gehirn je die *ganze* Erregungsstruktur wandelt, kann nie «derselbe» Verlauf physiologisch wiederkehren – ein Tatbestand, der genau dem Grundgesetz psychischer Kausalität entspricht, daß nur die *ganze* Erlebniskette in der Vergangenheit, niemals nur der zeitlich vorangehende Einzelvorgang, das folgende psychische Geschehen erklärt. Da die Erregungen in der Rinde nie aufhören, auch im Schlafe nicht, und die Strukturelemente in jedem Augenblick neu auferbaut werden, so ist ein mächtiger *Phantasieüberschuß* – der auch *ohne* äußere Reize weiterströmt, bei Abbau des Wachbewußtseins und seiner Zensur (Freud) sofort hervortritt, der ferner, wie ich andernorts [1] zeigte, als durchaus ursprünglich anzusehen ist und durch die Sinneswahrnehmung nur zunehmend *eingeschränkt*, nicht aber hervorgebracht wird – auch psychologisch zu erwarten: der seelische Strom läuft ebenso kontinuierlich (nicht unterbrochen wie das Wachbewußtsein) wie die physiologische Erregungskette durch den Rhythmus von Schlaf- und Wachzuständen hindurch. Das Gehirn scheint beim Menschen auch in höherem Maße als beim Tiere das eigentliche

[1] Vgl. «Erkenntnis und Arbeit» a.a.O., Abschn. V B.

*Todes*organ zu sein, wie es bei der viel stärkeren Zentralisierung und Gebundenheit aller seiner Lebensvorgänge an die Gehirntätigkeit auch zu erwarten ist. Wissen wir doch durch eine Reihe von Untersuchungen, daß der künstlich großhirnlose Hund oder das großhirnlose Pferd noch eine Fülle von Leistungen vollziehen kann, die beim Menschen in diesem Zustande ausfallen. Diese und ähnliche Tatsachen sind voll genügend erklärt durch die *gesteigerte Einheit* des menschlichen Seelenlebens gegenüber dem tierischen, ohne daß man dafür eine besondere Seelensubstanz beim Menschen anzunehmen hätte.

Nicht also Leib und Seele oder Körper und Seele oder Gehirn und Seele im Menschen sind es, die irgend einen ontischen Gegensatz bilden.[1] Der Gegensatz, den wir im Menschen antreffen und der auch subjektiv als solcher erlebt wird, ist von viel höherer und tiefergreifender Ordnung: es ist der *Gegensatz von Geist und Leben*. Dieser Gegensatz dürfte auch viel tiefer in den Grund aller Dinge hineinreichen als der Gegensatz von Leben und Anorganischem, den in neuerer Zeit besonders H. Driesch in falscher Weise übersteigert hat.

Wenn wir Psychisches und Physiologisches nur als zwei Seiten ein und desselben Lebensvorganges nehmen, denen zwei Betrachtungsweisen desselben Vorganges entsprechen, dann muß das X, das eben diese beiden Betrachtungsweisen selbst *vollzieht*, dem Gegensatz von Leib und Seele *überlegen* sein. Dieses X ist nichts anderes als der, wie wir sahen, selber nie gegenständlich werdende, alles «vergegenständlichende» *Geist*. Ist schon das Leben unräumliches Sein, wohl aber zeitliches Sein – «der Organismus ist ein Vorgang», bemerkt Jennings treffend, und alle scheinbar ruhende Form des Körpers ist von diesem Lebensvorgang in jedem Augenblick getragen und unterhalten –, so ist das, was wir «Geist» nennen, nicht nur *überräumlich*, sondern auch *überzeitlich*. Die Intentionen des Geistes schneiden sozusagen den Zeitablauf des Lebens. Nur indirekt ist der gei-

[1] Wir dürfen heute sagen, daß das Problem von Leib und Seele, das so viele Jahrhunderte in Atem gehalten hat, für uns seinen metaphysischen Rang verloren hat.

stige Akt, sofern er *Tätigkeit* beansprucht, auch abhängig von einem zeitlichen *Lebens*vorgang und gleichsam in ihn eingebettet.

So wesensverschieden aber auch «Leben» und «Geist» sind, so sind doch beide Prinzipien im Menschen aufeinander angewiesen: *der Geist ideiert das Leben – den Geist* aber von seiner einfachsten Aktregung an bis zur Leistung eines Werkes, dem wir geistigen Sinngehalt zuschreiben, *in Tätigkeit zu setzen und zu verwirklichen vermag das Leben allein.*

Das *Verhältnis von Geist und Leben*, wie wir es hier umschrieben haben, ist von einer ganzen Gruppe philosophischer Grundauffassungen des Menschen verfehlt und mißachtet worden.

Hier seien zunächst alle jene Theorien des Menschen andeutungsmäßig charakterisiert, die man als «*naturalistische*» Theorien bezeichnen kann. Innerhalb dieser lassen sich *zwei* Grundarten unterscheiden: eine einseitig formal-mechanische Auffassung des menschlichen Verhaltens und eine einseitig vitalistische.

Die *formal-mechanischen* Auffassungen des Verhältnisses von Geist und Leben übersehen an erster Stelle die Eigenart der *Lebens*kategorie und müssen daher auch den Geist mißverstehen. Sie treten in der abendländischen Geschichte in zwei Formen auf. Die eine kommt aus dem Altertum, aus den Lehren eines Demokrit, Epikur und Lucretius Carus, und hat ihre vollkommenste Darstellung wohl in Lamettries «L'homme machine» gefunden, in dem, wie schon der Name des Buches sagt, versucht wird, die psychischen Erscheinungen, ohne sie vom Geistigen zu scheiden, auf Begleiterscheinungen der im Organismus waltenden physikalisch-chemischen Gesetzlichkeit zurückzuführen. Die andere Form ist im englischen Sensualismus am schärfsten ausgebildet: der «Traktat über die menschliche Natur» von David Hume stellt ihre vollkommenste Ausprägung dar. In neuester Zeit ist Ernst Mach einer solchen Auffassung des Menschen am nächsten gekommen, wenn er das Ich als einen Knotenpunkt auffaßt, in welchem die sensualen Weltelemente in besonderer Dichte zusammenhängen. In beiden Lehren, hier wie dort, wird das formal-mechanische Prinzip bis auf die äußerste Spitze getrieben, nur mit dem Unterschied, daß das eine Mal die Empfindungsvorgänge aus Vorgängen verstanden werden sollen, die nach den Prinzipien der physikalischen Mechanik verlaufen, während das andere Mal die Grundbegriffe der anorganischen Naturwissenschaft aus den als letzte Gegebenheiten geltenden Empfindungsdaten und aus den Gesetzen der Vorstellungsassoziation (mit Einschluß aller Substanz- und Kausalbegriffe) allererst hergeleitet werden. Der Fehler *beider* Typen der mechanistischen Theorie aber ist es, das Wesen des *Lebens* in seiner Eigenart und Eigengesetzlichkeit zu übersehen.

Die zweite Abart der naturalistischen Theorie, die *vitalistische*, macht im Gegensatz zum formal-mechanischen Typus die Kategorie des «Lebens» zur *Ur*kategorie der *Gesamt*auffassung des Menschen und damit auch des Geistes, – die Tragweite des Lebensprinzips weit überschätzend. Der menschliche Geist soll sich in letzter Linie aus dem menschlichen Triebleben als dessen spätes «Entwicklungsprodukt» vollständig verstehen lassen. So will der englisch-amerikanische Pragmatismus (erst C. S. Peirce, dann William James, F. C. Schiller und J. Dewey) die Denkformen und Denkgesetz aus den jeweiligen *Arbeitsformen* des Menschen ableiten («homo faber»). So will Nietzsche in seinem «Willen zur Macht» die Denkformen als notwendige lebenswichtige Funktionen aus dem *Machttrieb* des Lebens verständlich machen; in etwas veränderter Weise ist ihm hierin neuerdings Hans Vaihinger gefolgt[1]. Überblickt man die Gesamtheit der hierher gehörigen Auffassungen, so findet man drei Untertypen dieser naturalistisch-vitalistischen Menschenidee, je nachdem das System der *Nahrungs*triebe, das der *Fortpflanzungs-* und Geschlechtstriebe oder das der *Macht*triebe für das *ursprüngliche* und leitende System des menschlichen Trieblebens überhaupt gehalten wird. «Der Mensch ist, was er ißt» hat Vogt grob erklärt. Unvergleichlich vertieft und in die Hegelsche Ge-

[1] Vgl. zu Obigem meine Abhandlung «Erkenntnis und Arbeit» a.a.O.

schichtslehre hineingearbeitet, hat insbesondere Karl Marx die analoge Auffassung vertreten, daß der Mensch nicht sowohl die Geschichte mache, als vielmehr die Geschichte den Menschen jeweilig verschieden gestalte, und zwar an erster Stelle die *Wirtschafts*geschichte, die Geschichte der «materiellen Produktionsverhältnisse». Nach dieser Auffassung kommt der Geschichte der geistigen Hervorbringungen in Kunst, Wissenschaft, Philosophie, Recht usw. eine innere Eigenlogik und Kontinuität überhaupt nicht zu. Diese Kontinuität und eigentliche Kausalität ist ganz und gar in den Ablauf der Wirtschaftsformen verlegt, von denen nach Marx jede ausgeprägte historische Form eine eigentümliche geistige Welt als den bekannten «Überbau» zur Folge hat[1]. Die Auffassung des Menschen als eines primär vom *Macht*trieb und Geltungstrieb beherrschten Wesens ist geschichtlich besonders von Machiavelli, Thomas Hobbes und den großen Politikern des absoluten Staates ausgegangen und hat in Neuzeit und Gegenwart ihre Fortsetzung in der Machtlehre Friedrich Nietzsches und, mehr nach der medizinisch-psychologischen Seite hin, in Alfred Adlers Lehre vom Primat des Geltungstriebes gefunden. Die dritte mögliche naturalistische Auffassung ist diejenige, die das geistige Leben als Form sublimierter *Libido* auffaßt, als deren Symbolik und luftigen Überbau, und damit auch die ganze menschliche Kultur und ihre Erzeugnisse als Produkt verdrängter und sublimierter Libido ansieht. Hatte schon Schopenhauer die Geschlechtsliebe als den «Brennpunkt des Willens zum Leben» bezeichnet, ohne indes dem Naturalismus vollständig zu verfallen – daran hinderte ihn seine negative Theorie des Menschen –, so hat der frühe Freud, der noch keinen selbständigen Todestrieb annahm, diese Auffassung des Menschen bis in die äußersten Konsequenzen ausgebaut[2].

Alle diese naturalistischen Lehren, seien sie des mechanischen

[1] Vgl. meine Kritik des historischen Materialismus in «Probleme einer Soziologie des Wissens» a.a.O.

[2] Vgl. meine Kritik der Freudschen Liebestheorie in meinem Buche «Wesen und Formen der Sympathie»*.

oder des vitalistischen Typus, müssen wir vollständig zurückweisen. Zwar kommt dem vitalistischen Typus das hohe Verdienst zu, zur Einsicht gebracht zu haben, daß das, was im Menschen im eigentlichen Sinne schöpferisch mächtig ist, nicht das ist, was wir «Geist» (und die höheren Bewußtseinsformen) nennen, sondern die dunklen unterbewußten Triebmächte der Seele, und daß die menschliche Schicksalsbildung des Einzelwesens wie die der Gruppe vor allem von der Kontinuität dieser Vorgänge und ihrer symbolischen Bildkorrelate abhängt – wie auch der dunkle Mythos nicht sowohl ein Produkt der Geschichte ist, als vielmehr er den Gang der Geschichte weitgehend bestimmt. Alle diese Theorien jedoch haben darin geirrt, daß sie nicht nur die Tätigkeit, die Kraftgewinnung des Geistes und seiner Ideen und Werte, sondern auch diese Ideen selbst nach ihrem inhaltlichen Sinnbestande, ferner die Gesetze des Geistes und sein inneres Wachstum aus diesen Triebmächten *herleiten* wollten. Wenn der Irrtum des abendländischen Idealismus der «klassischen» Theorie mit seiner mächtigen Überschätzung des Geistes die tiefe Wahrheit Spinozas übersah, daß die Vernunft unfähig ist, die Leidenschaften zu regeln, es sei denn, daß sie – kraft «Sublimierung», wie wir es heute nennen würden – selbst zu einer «Leidenschaft» werde, so hat der sog. Naturalismus seinerseits die Ursprünglichkeit und Selbständigkeit des Geistes vollständig mißachtet.

Im Gegensatz zu all diesen Theorien hat ein neuerer Schriftsteller, der eigenwillig, aber nicht ohne Tiefe ist, den Menschen (ähnlich wie wir selbst[1]) unter den beiden irreduziblen Grundkategorien von «Leben und Geist» zu verstehen gesucht – ich meine Ludwig *Klages*. Er ist es vor allem, der in Deutschland jene *panromantische* Denkart über das Wesen des Menschen philosophisch fundiert hat, die wir heute bei so vielen For-

[1] Die Scheidung von «Geist» und «Leben» liegt schon meiner Erstlingsschrift «Die transzendentale und die psychologische Methode» (1899), ferner meiner «Ethik» zu Grunde. Mit den Begriffen von Klages deckt sie sich nicht, da Klages Geist = «Intelligenz», «Ich», «Wollen» setzt.

schern verschiedenster Wissenschaften antreffen, z. B. bei Edgar Dacqué, Leo Frobenius, C. G. Jung, Hans Prinzhorn, Theodor Lessing[1], in einer gewissen Richtung auch bei Oswald Spengler. Die Eigenart dieser Auffassung, auf die hier nicht näher eingegangen werden kann, besteht vor allem in zwei Punkten. Der Geist wird zwar als ursprünglich angenommen, aber durchaus wie bei den Positivisten und Pragmatisten mit Intelligenz und Wahlfähigkeit gleichgesetzt. Daß der Geist primär nicht nur vergegenständlicht, sondern auch Schau von Ideen und Wesenheiten auf Grund von Entwirklichung ist, wird von Klages nicht anerkannt. Der so seines eigentlichen Wesens und Kernes beraubte Geist wird sodann völlig bei ihm entwertet. Er befindet sich nach Klages mit allem Leben und was zu ihm gehört, mit allem Seelenleben schlichten automatischen «Ausdrucks» in einem ursprünglichen und grundsätzlichen *Kampf*zustand – nicht in einem Verhältnis gegenseitiger Ergänzung. In diesem Kampfzustande erscheint der Geist als das im Ablauf der menschlichen Geschichte Leben und Seele immer tiefer *zerstörende* Prinzip, sodaß die menschliche Geschichte als eine décadence, ja als eine fortschreitende Erkrankungserscheinung des im Menschen sich darstellenden Lebens erscheint. Wäre Klages ganz konsequent – was er nicht ist, da er seltsamer Weise den Geist erst nach der Menschwerdung an einer bestimmten Stelle der Geschichte «hereinbrechen» läßt, sodaß der Geschichte des homo sapiens schon eine gewaltige Vorgeschichte vorhergeht, die mit Bachofenschen Augen gesehen wird –, so müßte er den Beginn dieser «Tragödie» des Lebens, die nach ihm der Mensch *ist*, schon in die Menschwerdung selbst hineinverlegen.

[1] Th. Lessing bringt in seinem Buche «Geschichte als Sinngebung des Sinnlosen» den Grundgedanken der Theorie auf den Ausdruck: «So verfestigte sich immer mehr mein Grundgedanke, daß die Welt des Geistes und seiner Norm nur die unentbehrliche Ersatzwelt eines am *Menschen* erkrankten Lebens sei, nur das Mittel zur Errettung einer in sich fragwürdig gewordenen, nach kurzer Wachbewußtheit spurlos wieder versinkenden Gattung durch Wissenschaft größenwahnsinnig gewordener Raubaffen» (vgl. 4. Aufl. Leipzig 1927, S. 28).

Einen solchen dynamischen und feindlichen Gegensatz zwischen Leben und Geist anzunehmen verbietet uns schon die eine Tatsache, daß dem Geist als solchem überhaupt keinerlei Kraft und Macht, keine ursprüngliche Tätigkeitsenergie zukommt, durch die er diese «Zerstörung» allererst vollziehen könnte. Was Klages in seinen an feinen Beobachtungen reichen Schriften an wirklich beklagenswerten Erscheinungen geschichtlicher Spätkultur anführt, ist nicht dem «Geiste» zur Last zu legen, sondern in Wirklichkeit auf einen Vorgang zurückzuführen, den ich «*Übersublimierung*» nenne * – auf einen Zustand so übermäßiger Vergehirnlichung des Menschen, daß auf Grund seiner und als Reaktion auf ihn jeweilig die bewußt romantische Flucht in einen (meist vermeintlich in der Geschichte gefundenen) Zustand einsetzt, in welchem diese Übersublimierung, inbesondere das Übermaß der diskursiven *intellektuellen* Tätigkeit noch nicht vorliegt. Eine solche Fluchtbewegung war schon die dionysische Bewegung in Griechenland, war ferner die hellenistische Dogmatik, die das klassische Griechentum mit ähnlichen Augen sah, wie die deutsche Romantik das Mittelalter gesehen hat. Daß solche Geschichtsbilder weitestgehend auf einer durch die eigene Überintellektualisierung geborenen *Sehnsucht* nach «Jugend und Primitivität» beruhen, mit der geschichtlichen Wirklichkeit aber nie übereinstimmen, das scheint mir Klages nicht genug zu würdigen. Auch verkennt er, daß überall da, wo das Dionysische und die dionysische Form des menschlichen Daseins ursprünglich und naiv ist – und das ist sie vollständig niemals, da, wir sahen es, die ausdrückliche Trieb*ent*hemmung ebensosehr vom Geiste aus eingeleitet ist wie die rationale Trieb*askese* (das Tier kennt einen solch enthemmten Zustand nicht) –, der dionysische Zustand selber auf einer komplizierten *bewußten* Willenstechnik beruht, d. h. mit demselben «Geiste» arbeitet, der ausgeschaltet werden soll.

Eine andere Gruppe von Erscheinungen, die Klages als Folgen der zerstörerischen Macht des Geistes ansieht, besteht darin, daß überall, wo gegenüber gemeinhin automatisch ablaufenden Tätigkeiten der Vitalseele geistige Tätigkeiten eingesetzt werden, erstere in der Tat weitgehend gestört werden. Einfache Grundsymptome solcher Art sind z. B. die Störung des Herzschlags, des Atems und anderer ganz- oder halbautomatischer Tätigkeiten durch die Aufmerksamkeit; ferner Störungen, die entstehen, wenn sich der Wille direkt gegen die Triebimpulse richtet, anstatt sich je neuen wertbetonten Inhalten zuzuwenden. Das aber, was Klages hier «Geist» nennt, das ist in Wirklichkeit nicht der Geist, sondern nur die komplizierte «technische Intelligenz» (im Sinne unserer vorhergehenden Ausführungen). Gerade er, der schärfste Gegner aller positivistischen Menschenauffassung, aller Auffassung des Menschen als «homo faber», wird in diesem fundamentalen Punkte ein unkritischer Schüler der Grundanschauung, die er im übrigen so scharf bekämpft.

Geist und Leben sind aufeinander hingeordnet – es ist ein Grundirrtum, sie in eine ursprüngliche Feindschaft, in einen ursprünglichen Kampfzustand zu bringen.

«*Wer das Tiefste gedacht, liebt das Lebendigste*».

*

Es ist Aufgabe einer Philosophischen Anthropologie, genau zu zeigen, wie aus der Grundstruktur des Menschseins, wie sie in unseren Ausführungen nur kurz umschrieben wurde, alle spezifischen Monopole, Leistungen und Werke des Menschen hervorgehen: so Sprache, Gewissen, Werkzeug, Waffe, Ideen von Recht und Unrecht, Staat, Führung, die darstellenden Funktionen der Künste, Mythos, Religion, Wissenschaft, Geschichtlichkeit und Gesellschaftlichkeit. Darauf kann hier nicht eingegangen werden. Wohl aber soll noch der Blick gelenkt sein auf die Folgerungen, die sich aus dem Gesagtem für das *metaphysische Verhältnis des Menschen zum Grunde der Dinge* ergeben.

Es ist eine der schönsten Früchte des sukzessiven Aufbaus der menschlichen Natur aus den ihr untergeordnete Daseinsstufen, wie er hier zu geben versucht wurde, daß man zeigen kann, mit welch innerer Notwendigkeit der Mensch in *demselben* Augenblicke, in dem er durch Welt- und Selbstbewußtsein und durch Vergegenständlichung auch seiner eigenen psychophysischen Natur – den spezifischen Grundmerkmalen des Geistes – «Mensch» geworden ist, auch die formalste *Idee eines überweltlichen unendlichen und absoluten Seins* erfassen muß. Hat sich der Mensch – das gehört ja zu seinem Wesen, ist der Akt der Menschwerdung selbst – einmal aus der gesamten Natur heraus*gestellt* und sie zu seinem «Gegenstande» gemacht, so muß er sich gleichsam erschauernd umwenden und fragen: «Wo stehe ich denn selbst? Was ist denn mein Standort?» Er kann nicht eigentlich mehr sagen: «Ich bin ein Teil der Welt, bin von ihr umschlossen» – denn das aktuale Sein seines Geistes und seiner Person ist sogar den *Formen* des Seins dieser «Welt» in Raum und Zeit *überlegen.*

So schaut er gleichsam bei dieser Umwendung hinein ins Nichts: er entdeckt in diesem Blicke gleichsam die *Möglichkeit* des «*absoluten Nichts*» – und dies treibt ihn weiter zu der Frage: «Warum ist *überhaupt* eine Welt, warum und wieso bin ‹ich› überhaupt»? *

Man erfasse die strenge *Wesensnotwendigkeit dieses Zusammenhangs*, der zwischen dem Welt-, dem Selbst- und dem formalen Gottesbewußtsein des Menschen besteht – wobei «Gott» hier nur als ein mit dem Prädikat «heilig» versehenes «Sein durch sich selbst» erfaßt wird, das tausendfältige bunteste Ausfüllungen annehmen kann. Die *Sphäre* aber eines absoluten Seins überhaupt, gleichgültig, ob sie dem Erleben oder Erkennen zugänglich ist oder nicht, gehört ebenso konstitutiv zum *Wesen* des Menschen wie sein Selbstbewußtsein und sein Weltbewußtsein. Was Wilhelm v. Humboldt von der Sprache gesagt hat, daß der Mensch sie darum nicht habe «erfinden» können, da der Mensch nur *durch* die Sprache Mensch *ist*, das gilt mit genau derselben Strenge für die formale Seinssphäre eines alle endlichen Erfahrungsinhalte und das zentrale Sein des Menschen selbst überragenden, schlechthin in sich selbständigen Seins von Ehrfurcht gebietender Heiligkeit. Versteht man unter den Worten «Ursprung der Religion» und «Ursprung der Metaphysik» nicht nur die Erfüllung dieser Sphäre mit bestimmten Annahmen und Glaubensgedanken, sondern den Ursprung *dieser Sphäre selbst*, so fiele also dieser ihr Ursprung mit der Menschwerdung selbst vollständig in eins zusammen.

Der Mensch muß den eigenartigen Zufall, die Kontingenz der Tatsache, «daß *überhaupt Welt ist und nicht vielmehr nicht ist*» und «*daß er selbst ist* und *nicht vielmehr nicht ist* *», mit anschaulicher Notwendigkeit in demselben Augenblicke entdecken, wo er sich überhaupt der Welt und seiner selbst bewußt geworden ist. Daher ist es ein vollständiger Irrtum, das «Ich bin» (Descartes) oder das «Die Welt ist» (Thomas von Aquin) dem allgemeinen Satz «*Es gibt absolutes Sein*» vorhergehen zu lassen und die Sphäre des Absoluten allererst durch Schlußfolgerung aus jenen Seinsarten erreichen zu wollen. *Welt-, Selbst- und Gottesbewußtsein* bilden eine unzerreißbare *Struktureinheit* – genau so wie Transzendenz des Gegenstandes und Selbstbewußtsein in eben dem selben Akte, der «dritten Reflexio», entspringen. Im selben Augenblicke, da jenes «Nein, Nein» zur konkreten Wirklichkeit der Umwelt eintrat, in welchem sich das geistige aktuale Sein und seine ideellen Gegenstände konstituierten; genau in dem selben Augenblicke, da das weltoffene Verhalten und die nie ruhende Sucht entstand, grenzenlos in die entdeckte Weltsphäre vorzudringen und sich bei keiner Gegebenheit zu beruhigen; genau im selben Augenblicke, da der werdende Mensch die Methoden alles ihm vorhergehenden tierischen Lebens, der Umwelt angepaßt zu werden oder ihr sich anzupassen, zerbrach und die *umgekehrte* Richtung einschlug: die Anpassung der entdeckten Welt *an sich* und sein organisch stabil gewordenes Leben; in genau dem selben Augenblicke, da sich der «Mensch» aus der «Natur» *heraus*stellte und sie zum Gegenstand seiner Herrschaft und des neuen Kunst- und Zeichenprinzips machte, – *in ebendemselben Augenblicke* mußte der Mensch auch sein Zentrum irgendwie *außerhalb* und jenseits der Welt verankern. Konnte er sich doch nicht mehr als einfachen «Teil» oder als einfaches «Glied» der Welt erfassen, über die er sich so kühn gestellt hatte!

Nach dieser Entdeckung der Weltkontingenz und des seltsamen Zufalls seines nun *weltexzentrisch* gewordenen Seinskernes war dem Menschen noch ein doppeltes Verhalten möglich: Er konnte sich darüber *verwundern* (θαυμάζειν) und seinen erkennenden Geist in Bewegung setzen, das Absolute *zu erfassen* und *sich in es einzugliedern* – das ist der Ursprung der *Metaphysik* jeder Art; sehr spät erst in der Geschichte ist sie aufgetreten und nur bei wenigen Völkern. Er konnte aber auch aus dem unbezwinglichen *Drang nach Bergung* – nicht nur seines Einzel-Seins, sondern zuvörderst seiner ganzen Gruppe – auf Grund und mit Hilfe des ungeheuren Phantasieüberschusses, der von vornherein im Gegensatz zum Tiere in ihm angelegt ist, diese Seinssphäre mit beliebigen Gestalten bevölkern, um sich in deren Macht durch Kult und Ritus hineinzubergen, um etwas von Schutz und Hilfe «hinter sich» zu bekommen, da er im Grundakt seiner Naturentfremdung und -vergegenständlichung – und dem gleichzeitigen Werden seines Selbstseins und Selbstbewußtseins – ins pure Nichts zu fallen schien. Die Überwindung dieses Nihilismus in der Form solcher Bergungen, Stützungen ist das, was wir *Religion* nennen. Sie ist primär Gruppen- und Volksreligion. Sie ward erst später, gemeinsam mit dem Ursprung des Staates, «Stifterreligion *». So sicher, wie die Welt primär als *Widerstand* für unser praktisches Dasein im Leben gegeben ist, früher denn als *Gegenstand* der Erkenntnis, eben so sicher mußten auch alle diese Gedanken- und Vorstellungsgebilde über die neuentdeckte Sphäre, die dem Menschen Kraft leihen, sich in der Welt zu behaupten – solche Hilfe leistet der Menschheit primär der «Mythos», später die sich aus ihm herausschälende «Religion» –, geschichtlich *vorhergehen* allen vornehmlich auf Wahrheit ausgerichteten Erkenntnissen (oder Versuchen zu solchen) von der Art der Metaphysik.

Nehmen wir ein paar Haupttypen der religiösen Ideen, die sich der Mensch von dem Verhältnis zwischen sich und einem obersten Grund-Sein der Dinge gebildet hat, und beschränken wir uns dabei auf die Stufe des abendländisch-kleinasiatischen Monotheismus. Da finden wir Vorstellungen wie die, daß der

Mensch einen «Bund» mit Gott schloß, nachdem Gott ein Volk bestimmter Art zu dem seinigen erkoren hatte. (Älteres Judentum.) Oder: Der Mensch erscheint je nach der Struktur der Gesellschaft als «Sklave Gottes», der mit List und niedriger Prostration sich vor ihm niederwirft, ihn durch Bitten und Drohungen oder mit magischen Mitteln zu bewegen suchend. In etwas höherer Form erscheint er sich als der «getreue Knecht» des obersten souveränen «Herrn». Die höchste und reinste Vorstellung, die in den Grenzen des Monotheismus möglich ist, erreicht die Idee der «Kindschaft» aller Menschen im Verhältnis zu Gott-«Vater», vermittelt durch den wesensgleichen «Sohn», der den Menschen Gott in seinem inneren Wesen verkündigt und selber mit göttlicher Autorität ihnen gewisse Glaubensmeinungen und Gebote vorschreibt. Alle Ideen solcher Art müssen wir für unsere philosophische Betrachtung des Verhältnisses des Menschen zum obersten Grunde zurückweisen; müssen es schon darum, weil wir die theistische Voraussetzung leugnen: einen geistigen, in seiner Geistigkeit allmächtigen persönlichen Gott. Für uns liegt das *Grundverhältnis des Menschen zum Weltgrund* darin, daß dieser Grund sich im Menschen – der als solcher sowohl als Geist- wie als Lebewesen nur je ein Teilzentrum des Geistes und Dranges des «Durch-sich-Seienden» ist – ich sage: sich im Menschen selbst unmittelbar *erfaßt und verwirklicht.*

Es ist der alte Gedanke Spinozas, Hegels und vieler anderer: Das Urseiende wird sich im Menschen seiner selbst inne in demselben Akte, in dem der Mensch sich in ihm gegründet schaut. Wir müssen nur diesen bisher viel zu einseitig intellektualistisch vertretenen Gedanken dahin umgestalten, daß dieses Sich-gegründet-*Wissen* erst eine *Folge* ist der *aktiven Einsetzung unseres Seinszentrums* für die ideale Forderung der Deitas und des Versuches, sie zu vollstrecken und *in* dieser Vollstreckung den aus dem Urgrunde *werdenden* «Gott» als die *steigende Durchdringung von Geist und Drang allererst mitzuerzeugen.*

Der Ort dieser Selbstverwirklichung, sagen wir: gleichsam jener Selbstvergottung, die das Durch-sich-seiende-Sein sucht und um deren Werden willen es die Welt als eine «Geschichte» in Kauf nahm – *das eben ist der Mensch*, das menschliche Selbst und das menschliche Herz. Sie sind der einzige Ort der Gottwerdung, der uns zugänglich ist – *aber ein wahrer Teil dieses transzendenten Prozesses selbst*. Denn obzwar *alle* Dinge im Sinne einer kontinuierlichen Kreation in jeder Sekunde aus dem Durch-sich-seienden-Sein hervorgehen aus der funktionellen Einheit des Zusammenspiels von Drang und Geist, so sind doch erst im Menschen und seinem Selbst diese beiden – uns erkennbaren – Attribute des Ens per se lebendig aufeinander bezogen. Der Mensch ist ihr Treffpunkt, und in ihm wird der Logos, «nach» welchem die Welt gebildet ist, *mit*vollziehbarer Akt. Von vornherein also ist nach unserer Anschauung Mensch- und Gottwerdung gegenseitig aufeinander angewiesen. So wenig der Mensch zu seiner Bestimmung gelangen kann, ohne sich als Glied jener beiden Attribute des obersten Seins und dieses Seins sich selbst einwohnend zu wissen, so wenig das Ens a se ohne Mitwirkung des Menschen.

Geist und Drang, die beiden Attribute des Seins, sie sind, abgesehen von ihrer erst werdenden gegenseitigen Durchdringung – als Ziel –, auch in sich nicht fertig: sie *wachsen an sich selbst* eben in diesen ihren Manifestationen in der Geschichte des menschlichen Geistes *und* in der Evolution des Lebens der Welt.

Man wird mir sagen und man hat mir in der Tat gesagt, es sei dem Menschen nicht möglich, einen unfertigen Gott, einen werdenden Gott zu ertragen. Meine Antwort darauf ist, daß Metaphysik keine Versicherungsanstalt ist für schwache, stützungsbedürftige Menschen. Sie setzt bereits einen kräftigen, hochgemuten Sinn im Menschen voraus. Darum ist es auch wohlverständlich, daß der Mensch erst im Laufe seiner Entwicklung und seiner Selbsterkenntnis zu jenem Bewußtsein seines Mitkämpfertums, seines Miterwirkens der Gottheit kommt. Das Bedürfnis der Bergung und der Stützung auf eine außermenschliche und außerweltliche Allmacht, die mit Güte und Weisheit identisch gesetzt wird, ist zu groß, als daß es in Zeiten der Unmündigkeit nicht alle Dämme des Sinnes und der

Besinnung durchbrochen hätte. Wir setzen an die Stelle jener halb kindlich, halb schwächlich distanzierenden Beziehung des Menschen zur Gottheit, wie sie in den *objektivierenden* und darum ausweichenden Beziehungen der Kontemplation, der Anbetung, des Bittgebetes gegeben sind, den elementaren *Akt des persönlichen Einsatzes* des Menschen für die Gottheit, die *Selbstidentifizierung* mit ihrer geistigen Aktrichtung in jedem Sinne. Das letzte wirkliche «Sein» des Durch-sich-Seienden ist nicht gegenstandsfähig – so wenig wie das Sein einer Fremdperson. Man kann an seinem Leben und seiner geistigen Aktualität teilhaben *nur durch Mitvollzug*, nur durch den *Akt des Einsatzes* und der tätigen Identifizierung. Zur Stützung des Menschen, zur bloßen Ergänzung seiner Schwächen und Bedürfnisse, die es immer wieder zu einem «Gegenstande» machen wollen, ist das absolute Sein nicht da.

Wohl aber gibt es auch für uns eine «Stützung»: es ist die Stützung auf das gesamte Werk der Wertverwirklichung der bisherigen Weltgeschichte, so weit es das Werden der «Gottheit» zu einem «Gotte» bereits gefördert hat. Nur suche man in letzter Linie nie theoretische Gewißheiten, die diesem Selbsteinsatz vorhergehen sollen. *Erst im Einsatz der Person selbst ist die Möglichkeit eröffnet, um das Sein des Durch-sich-Seienden auch zu «wissen».*

ZUR SECHSTEN AUFLAGE

Die Schrift «Die Stellung des Menschen im Kosmos» erscheint in ihrer 6. Auflage nunmehr im Francke Verlag, in welchem auch die Gesammelten Werke Max Schelers veröffentlicht werden. Der Text der in den – für Herausgabe wie Drucklegung schwierigen – ersten Nachkriegsjahren erschienenen 4. und 5. Auflage ist durchgesehen, und seinerzeit unterlaufende Unstimmigkeiten sind ausgemerzt worden. – Die (nicht überlieferte) «Inhalts»angabe ist für diesen Neudruck neu formuliert worden.

Maria Scheler

ANMERKUNGEN

SEITE

6₁₆ Der Band *Vom Umsturz der Werte* liegt in 4. Auflage 1955 im Francke Verlag vor (mit einem Anhang, Sachregister etc.); s. Gesammelte Werke Max Schelers (herausgegeben von Maria Scheler), Bd. 3.

Der Formalismus in der Ethik und die materiale Wertethik ist in 4., durchgesehener Auflage mit einem Anhang (Sachregister etc.) 1954 im Francke Verlag erschienen; vgl. Gesammelte Werke Bd. 2.

Das *Sympathiebuch* des Verfassers (5. Aufl. 1948, Frankfurt/M.) wird in 6. Auflage im Francke Verlag wieder veröffentlicht werden als Bd. 7 der Gesammelten Werke Max Schelers.

Der Band *Die Wissensformen und die Gesellschaft* enthält die beiden größeren Abhandlungen «Probleme einer Soziologie des Wissens» und «Erkenntnis und Arbeit. Eine Studie über Wert und Grenzen des pragmatischen Motivs in der Erkenntnis der Welt». (Außerdem die Arbeit «Universität und Volkshochschule».) Die 2., durchgesehene Auflage (mit Zusätzen und einem Anhang) ist 1960 im Francke Verlag erschienen; s. Gesammelte Werke Bd. 8.

Die kleineren in der Vorrede des Verfassers zitierten Arbeiten «Mensch und Geschichte», «Der Mensch im Weltalter des Ausgleichs» (vom Verfasser geänderter Titel) und «Die Formen des Wissens und die Bildung» (vgl. dort die eingehenden Anmerkungen, in denen der Verfasser aufschlußreiche Hinweise auf die geplanten Werke «Philosophische Anthropologie» und «Metaphysik» gibt) sind nach dem Tode des Verfassers in *Philosophische Weltanschauung*, Bonn 1929, veröffentlicht worden; unter dem gleichen Titel in den Dalp-Taschenbüchern Bd. 301, Francke Verlag. Die Aufsätze werden in Bd. 9 der Gesammelten Werke aufgenommen werden.

14₂₂ Vgl. a.a.O. die Abhandlung «Erkenntnis und Arbeit», Abschnitt V.

27₆ desgl.

31_{26} Vgl. zu «Fühlen» (als Funktion) und «Gefühl» (als Zustand) in *Der Formalismus in der Ethik und die materiale Wertethik*, Abschnitt V2; s. Sachregister der 4. Auflage 1954, Ges. W. Bd. 2.

32_{12} Vgl. über «Geschlechtstrieb» und «Geschlechtsliebe» in *Wesen und Formen der Sympathie* (s. Sachregister); ferner die nachgelassene Abhandlung «Von Scham und Schamgefühl», erstmalig veröffentlicht in *Schriften aus dem Nachlaß*, Berlin 1933, 2. Auflage 1957 im Francke Verlag in *Schriften aus dem Nachlaß Bd. I* «Zur Ethik und Erkenntnislehre»; s. Gesammelte Werke Bd. 10.

36_{22} Vgl. zu «Werte» und «Güter», bzw. «Gesinnung», in *Der Formalismus in der Ethik und die materiale Wertethik*, a.a.O.; s. Sachregister.

45_{5} Vgl. zum folgenden die Abhandlung «*Idealismus – Realismus*» im «Philosophischen Anzeiger», Bonn 1927, 2. Jahrg., H. 3.

48_{17} Vgl. zu «Person» in *Der Formalismus in der Ethik und die materiale Wertethik*, Abschnitt VI A 3.

48_{35} Vgl. zu Fremdperson - Verstehen «*Wesen und Formen der Sympathie*», Teil C. Vom fremden Ich.

53_{20} Vgl. zum folgenden «Erkenntnis und Arbeit» a.a.O., Abschnitt V.

58_{25} Vgl. den Aufsatz «Vom Sinn des Leides» (1915, erweitert 1922), aufgenommen in *Schriften zur Soziologie und Weltanschauungslehre*, 1923, 2. Auflage 1962 im Francke Verlag; s. Gesammelte Werke Bd. 6.

61_{16} Vgl. das Kapitel «Zu Freuds Ontogenie» in *Wesen und Formen der Sympathie* (bereits in der Erstauflage von 1913 «Zur Phänomenologie und Theorie der Sympathiegefühle und von Liebe und Haß»).

62_{9} Vgl. die (von H. Prinzhorn herausgegebene) nachgelassene Schrift des jungen Alfred Seidel «Bewußtsein als Verhängnis». Bonn 1927.

69_{4} Vgl. die oben zu S. 6 zitierte Schrift «Die Formen des Wissens und die Bildung» (1925), vor allem auch die Anmerkungen des Verfassers.

75_{31} Vgl. «Erkenntnis und Arbeit» a. a. O.; s. Sachregister.

78_{13} Vgl. auch «Probleme einer Soziologie des Wissens» a. a. O. und den Aufsatz «Vom Sinn des Leides» a. a. O.

86_{16} Vgl. zu «Übersublimierung» (und «Resublimierung») den oben zu S. 6 zitierten Aufsatz «Der Mensch im Zeitalter des Ausgleichs» (1927) a. a. O.

88_{19} Vgl in *Vom Ewigen im Menschen*, (1. Aufl. 1921; 4. Aufl.
89_{7} 1954, Ges. W. Bd. 5) in der Abhandlung «Vom Wesen der Philosophie» (1917) das Kapitel «Der Gegenstand der Philosophie», und in der Abhandlung «Probleme der Religion» (s. Sachregister)

90_{22} Vgl. «Probleme einer Soziologie des Wissens», s. Sachregister.

PERSONENVERZEICHNIS

INHALT